E NATIONALE
NCE
S

ENT DES
MÉS

Syndicats

Mutualités, Retraites

DU MÊME AUTEUR

Chrétiens et Musulmans, Voyages et Études (ouvrage couronné par l'Académie française). 1 vol. in-18, 2ᵉ édition, avec 2 cartes. Plon...................... 3 fr. 50

LUDOVIC DE CONTENSON

Syndicats
Mutualités
Retraites

PARIS
LIBRAIRIE ACADÉMIQUE DIDIER
PERRIN ET Cⁱᵉ, LIBRAIRES-ÉDITEURS
35, QUAI DES GRANDS-AUGUSTINS, 35
1904

INTRODUCTION

Depuis quelques années, ou plutôt, pour être plus vrai, depuis quelques mois, le courant dans certaines classes semble être de s'occuper de questions sociales, d'aller au peuple, comme il est de mode de le dire. La politique électorale n'a donné que des déboires ; la lutte sur le terrain de la liberté n'a été qu'une série de défaites ; on se rabat sur les œuvres sociales, on se préoccupe des remèdes à apporter aux maux de la classe ouvrière, on s'efforce de trouver des procédés pour améliorer le sort du plus grand nombre, on ne veut plus se borner à la vieille charité classique d'autrefois et on se met à la recherche des institutions durables, des modes d'association rationnelle qui devront être non un palliatif, mais un antidote permanent contre certains poisons.

Certes, on a raison de s'engager dans cette voie, et si, il y a trente ans, on avait commencé par là ; si, dès cette époque, on avait eu le sens de la démocratie, de ses besoins, de son avenir et de la voie où elle devait inéluctablement s'engager, nous n'en serions peut-être pas où nous en sommes. Aujourd'hui, on se décide par des procédés d'ailleurs parfois discutables — comme dans toute œuvre à ses débuts — à aller au peuple, et on a, je le répète, mille fois raison : mais est-ce bien encore temps? Toute la question est là. Nous voulons espérer qu'il n'est pas trop tard. Mais devrait-il seulement être besoin de demander au public de s'occuper de questions sociales alors qu'aujourd'hui, comme il y a plus de cent dix ans, tant de choses du passé semblent s'écrouler avec un craquement significatif? Aussi s'interroge-t-on pour savoir s'il ne se prépare pas au profit du quatrième état une révolution sociale à laquelle la révolution politique, faite en 1789 au profit de la bourgeoisie, pourra seule être comparée.

Car nous en sommes là que, depuis quinze années, dans notre pays, les partis populaires se sont constitués et se sont affirmés par les voies légales avec une force et une intensité d'autant plus remarquables que, pendant le cours du xixe siècle, les travailleurs n'avaient rappelé leur existence que par des soubresauts, pour ainsi dire, et par des procédés révolutionnaires.

Aujourd'hui, l'ère des déterminations extrêmes semble passée, parce que, en réalité, pour arriver au but poursuivi, celles-ci sont inutiles. L'éventualité des conflits sanglants s'annonce de plus en plus rare. Les plus ardents parmi les héritiers des révolutionnaires du dernier siècle s'en vont bien encore prôner la grève générale, rêve lancé en aliment à ceux qui poussent des cris d'impatience et se lamentent sur la lenteur des transformations économiques. De même on voit quelquefois pointer en tête des mouvements populaires une avant-garde d'anarchistes, flanquée de quelques intellectuels bourgeois, mais là n'est pas le gros des troupes.

Les foules sont plus lentes à se mouvoir. Pour le moment, elles commencent seulement à prendre conscience de leur force, mais elles ne savent pas encore exactement l'usage qu'il convient d'en faire. Or, la masse populaire qui travaille et qui peine de ses mains, celle qui se repose un jour seulement par semaine et quelquefois aucun, celle qui constitue l'immense multitude des travailleurs de la ville et des champs, est la véritable majorité de la nation. Le bulletin de vote à la main, elle aura en définitive le dernier mot, mais elle est encore flottante et incertaine, hésitante selon les éventualités sur le parti à prendre, et défiante encore heureusement à l'égard des faux-prophètes qui cherchent à la séduire. N'ignorant pas qu'il ne peut plus être question de lui arracher son bulletin de vote, le peuple sait aussi que le temps des anciennes classes dirigeantes, souvenir déjà perdu dans le lointain du xixe siècle, est définitivement aboli; car, par une évolution naturelle, mais indiscutable, le pouvoir va lui appartenir sans conteste, tandis que jusqu'à présent, par suite de l'insuffisance de l'instruction populaire, il ne lui était attribué que par une sorte de fiction.

Ce n'est pas d'ailleurs un sentiment vague et confus de sa puissance que le peuple se met à percevoir. C'est sur des faits précis que vient s'étayer sa pensée. Il lui suffit d'ouvrir les yeux pour voir le chemin parcouru, la place immense et prépondérante qu'il occupe dans nos préoccupations politiques et sociales. En vain s'en va-t-on répéter que, dans ces dernières années, les gouvernements qui se sont succédé en France n'ont rien fait pour la classe des travailleurs, que, dans les promesses de nos députés, tout a été vain, décevant et charlatanesque. De pareilles insinuations ne valent rien ; d'abord, elles sont inexactes et elles tendent à fausser l'opinion publique sur une situation qui mérite une attention particulière de la part de tous les bons citoyens ; ensuite, elles finissent par discréditer leurs auteurs eux-mêmes aux yeux de ceux qu'ils avaient crus à tort mal renseignés.

Assurément, nos législateurs eussent pu faire davantage et même beaucoup plus, si l'on considère par comparaison certaines nations voisines. Mais c'est quelque chose, depuis vingt ans, que d'avoir amorcé définitivement un mouvement dans la voie des réformes ouvrières, économiques et sociales. L'élan est aujourd'hui donné, et il serait insensé de supposer que la marche en soit destinée à s'arrêter.

En consultant la proposition de loi sur le code du travail, déposée par les socialistes au commencement de 1903, faisons une récapitulation des mesures concernant la législation du travail prises depuis la loi du 21 mars 1884 sur les syndicats professionnels, loi qui marque la date la plus importante de notre histoire sociale du dernier siècle. D'après cet instructif bilan, nous comptons en ce court laps de temps, 6 lois, décrets et arrêtés sur le contrat de travail et les salaires, 3 sur l'admission au travail, 13 sur la durée du travail, 16 sur l'hygiène et la sécurité des travailleurs, 4 sur l'inspection du travail, 27 sur les accidents, 2 sur les caisses de retraites et de secours, 10 sur les organisations corporatives, 10 sur les conseils du travail, 3 sur la juridiction du travail, 27 sur les adjudications et concessions publiques, mines et chemins de fer, en ce qui touche le monde du travail. A cette énumération, d'ailleurs incomplète, puisqu'elle date déjà d'une année, nous pourrions ajouter les dispositions législatives se rapportant à l'organisation de la mutualité, aux retraites des ouvriers mineurs, aux habitations à bon marché, à l'assistance publique, à l'hygiène populaire, ébauches assurément bien incomplètes d'un système d'amélioration sociale ; et toutefois nous n'aurions pas de peine à démontrer que, dans ces vingt dernières années, le législateur s'est occupé des travailleurs plus que dans tout le reste du XIXe siècle. Le fait d'ailleurs n'est pas particulier à la France, il tient à des causes économiques générales qui ont déterminé le même mouvement dans tous les pays monarchiques ou républicains.

Qu'on ne dise pas cependant qu'on a eu tort de tant réglementer. L'espèce se fait rare de ceux qui se nomment encore avec orgueil — l'orgueil des vieilles races en train de disparaître — « les vieux économistes libéraux impénitents ». Apôtres du laissez-faire et du laissez-passer, bénéficiaires de la Révolution au point de vue matériel et financier, ils ont été les rois du XIXe siècle et ont combattu avec âpreté toute organisation du travail jusqu'au jour où ils ont été vaincus par la force des événements. Mais, s'ils existent encore en tant qu'école, leur place n'est plus dans les assemblées démocratiques, là où la multitude immense des faibles réclame des lois de protection, où l'on sent la vie bouillonner, où l'avenir se dessine en couleurs éclatantes ou sombres, où palpite l'âme en enfantement du peuple futur. Déjà fortement meurtris en Angleterre, en Allemagne et en Belgique par un mouvement de réaction inévitable, mais qui n'a d'ailleurs nullement coïncidé avec une transformation politique, le vieux parti des économistes ne saurait plus, en France, agiter avec succès le spectre de l'étatisme; car la réglementation du travail peut fort bien se concilier avec une organisation professionnelle qui devra faire appel le moins possible à l'Etat.

Au surplus, la nécessité de sortir de la situation anarchique et inorganique, où se débattent les classes ouvrières par suite des conditions économiques modernes, est maintenant si bien reconnue que, de tous les côtés de l'opinion, on parle d'établir un Code du travail. Dans le parti modéré, M. Charles Benoist a pris l'initiative de cette œuvre. Chez les démocrates chrétiens, les matériaux sont prêts pour mettre sur pied l'édifice. Mais l'extrême-gauche du parti socialiste a gagné de vitesse les autres fractions de l'opinion. Une proposition de loi sur le Code du travail, à laquelle nous avons déjà fait allusion, ouvrage en très grande partie de M. Groussier, ancien député, a été déposée sur le bureau de la Chambre, le

15 janvier 1903, par M. Dejeante et plusieurs de ses collègues.

Quelles que soient les réserves que nous ayons à faire sur cette œuvre et sur les principes dont il lui arrive de se réclamer, nous ne pouvons nier qu'elle ne fasse le plus grand honneur à ceux qui l'ont conçue et menée à bonne fin. Ils n'ont eu d'ailleurs, disent-ils, d'autre but que de réunir et codifier les lois qui concernent la défense des intérêts des travailleurs et qui règlent les rapports de ces derniers avec leurs employeurs, lois actuellement disséminées dans nos codes. De même qu'il y a un Code de commerce qui spécifie les rapports des commerçants et un Code rural pour les agriculteurs, ils demandent que les rapports des patrons et des ouvriers soient déterminés par un code du travail : « Le travail que nous vous présentons, disent modestement les auteurs du projet de loi, quoique étant le résultat d'un long effort, est resté fort imparfait ; mais il nous semble susceptible de servir de base à une discussion sérieuse et nous sommes persuadés qu'il pourra être heureusement modifié à la suite d'études plus complètes. »

Il est symptomatique que l'initiative d'une pareille mesure, ait été prise par les élus des socialistes, mieux que cela, par ceux qu'on se plaît à qualifier du gros mot de socialistes-révolutionnaires. Mais alors si, dans ce parti, vous rencontrez des hommes de dévouement et d'études, bénédictins du socialisme, des travailleurs de la pensée et des chercheurs qui, lentement, et par les voies légales, entendent améliorer le sort de la masse miséreuse, ils ne doivent plus être appelés des révolutionnaires, vain titre dont ils ont tort de se parer, et ils n'en sont que plus dangereux pour les autres partis. C'est le signe de ce qu'au sein des masses ouvrières, contrairement à ce que l'on s'imagine quelquefois, il y a autre chose que des appétits sans direction. C'est plutôt l'indice de tout un travail d'enfantement, d'une force latente profonde, sérieuse et réfléchie, propre à concentrer, puis à entraîner les courants démocratiques. L'œuvre est déjà commencée, et, si l'on n'y prend garde, ou plutôt si les autres partis n'entrent pas largement dans la voie de l'étude des réformes sociales, des solutions pratiques à offrir, ils seront à brève échéance broyés et pulvérisés. Leurs adversaires, semblant les seuls défenseurs attitrés des faibles et des humbles, sauront gagner peu à peu les foules des campagnes après celles des villes, et entraîneront définitivement avec eux les détenteurs du bulletin de vote, c'est-à-dire le nombre.

Le nombre ! En a-t-on assez médit du nombre ou, en d'autres termes, du suffrage universel ? Est-il lieu commun plus facile à ressasser que celui de l'absurdité d'un système qui assimile, dans les destinées d'une nation, l'influence d'un illettré à celle d'un académicien ou d'un savant ? Tout ce que l'on a dit à ce sujet est vrai, vrai également tout ce qu'on pourra encore en dire. Un fait incontestable subsiste, c'est que, si l'on veut faire conduire un peuple par une élite, que celle-ci tire son origine de la naissance, de la richesse ou de l'intelligence, ce groupe gouvernera d'abord pour lui-même avant de gouverner pour les autres qui alors risqueront fort d'être oubliés. Quelles que soient les qualités morales de cette élite, celle-ci n'échappera pas aux infirmités inhérentes à la nature humaine en général, et elle traînera en particulier avec elle son fonds d'égoïsme et son amour du privilège dans quelque situation qu'on l'installe. C'est le fait historique contre lequel rien ne peut prévaloir. C'est en faveur de la démocratie l'argument péremptoire à côté duquel les autres sont discutables ou inutiles. La démocratie seule réalise l'idéal social, car c'est le seul régime où, chacun ayant le droit de se faire entendre, personne ne risque d'être oublié. C'est même le seul régime chrétien, puisque seul, pratiquement, il réalise entre tous l'égalité que la fraternité chrétienne établit entre les hommes.

D'ailleurs, le suffrage universel non seulement existe, ce qui est déjà une force appréciable, mais il est passé dans nos mœurs, il est établi chez nous à l'état de dogme, et rien ne saurait plus prévaloir contre lui. Quiconque essaierait de remonter un tel courant serait promptement brisé. Mais ce qu'il importe de faire au plus tôt, c'est d'organiser ce suffrage universel qui, par la façon dont il est appliqué, conduit à de monstrueuses incohérences et mériterait d'être appelé aujourd'hui une institution anarchique, si ces deux mots ne juraient d'être accouplés l'un avec l'autre.

Ce qui est urgent, c'est de discipliner les suffrages du nombre, de classer, en des groupements déterminés et en vue de leur représentation réelle, tous ceux qui travaillent respectivement ensemble de leurs mains ou de la pensée. Dans ces associations logiques de gens ayant les mêmes intérêts moraux et matériels et pouvant les discuter en leur particulier avant de les soumettre aux pouvoirs publics, nous reconnaissons l'excellence et la nécessité dans notre pays de l'organisation professionnelle. Ce n'est pas tout de proclamer les droits de l'homme, encore faut-il situer l'homme dans la société de façon à lui permettre de faire un usage effectif de ses droits sans se payer de mots, ce qui semble jusqu'à présent un cas trop fréquent. Cela est peu de célébrer la supériorité du suffrage universel, encore faut-il en assurer un fonctionnement normal et rationnel et éviter qu'il ne devienne un instrument de tyrannie. Un demi-siècle de suffrage restreint ou censitaire, auquel a succédé un demi-siècle de suffrage inorganique et inorganisé, il semble que voilà une expérience suffisante pour nous instruire sur les réformes à apporter au système.

*
* *

Si, par une évolution dont il est banal de vouloir prouver l'évidence, l'avenir est à la démocratie, il semble intéressant de déterminer quelques-unes des directions qui la sollicitent aujourd'hui pour amener son orientation définitive ; car, nous le répétons, la démocratie étant le nombre, c'est l'autorité future, celle qui gouvernera et jugera en dernier appel. Des chefs qu'elle nommera et qu'elle suivra, des solutions qu'on lui offrira, des doctrines qu'on inoculera dans ses veines dépend le sort des sociétés de demain.

Nous avons signalé le fait extrêmement instructif d'un projet de code du travail rassemblant les lois éparses de notre législation ouvrière, œuvre des socialistes les plus extrêmes. Sorte de pierre d'assise d'un plus vaste monument, que le parti soi-disant révolutionnaire, mais en réalité singulièrement féru de jurisprudence, semble vouloir édifier par les procédés les plus légaux, cette tentative nous renseigne déjà sur l'état d'esprit d'une fraction de l'opinion chez les masses ouvrières.

Mais cette évolution lente et progressive par les voies légales, cette tendance du parti, qu'il l'avoue ou s'en défende, à s'appuyer sur les pouvoirs publics et au besoin à les conquérir, apparaît encore bien plus caractéristique si l'on examine la fraction la moins avancée, les réformistes, dont le chef est M. Millerand, ancien ministre. Ici, l'œuvre pratique a reçu un commencement d'exécution. S'inspirant des besoins et des desiderata du monde ouvrier, M. Millerand s'est heurté entre temps à des résistances, ce qui ne peut manquer d'arriver quand on croit bien faire en innovant, car les plus récalcitrants, particulièrement en matière de réformes sociales, sont souvent les bénéficiaires. Mais il a incontestablement accompli, en ce qui concerne la législation ouvrière, une œuvre considérable, moins par les résultats déjà acquis que par les idées mises en branle et par la possibilité entrevue de réalisations jugées jusqu'alors insurmontables.

Partisan déterminé de l'organisation ouvrière

sous la forme syndicale, appuyé en cette matière sur l'autorité de M. Waldeck-Rousseau, père de notre loi actuelle sur les syndicats professionnels, M. Millerand est l'auteur d'un « projet sur le règlement amiable des différends relatifs aux conditions du travail ». Il a créé les « conseils du travail », destinés à être consultés par le législateur sur toutes les questions intéressant les travailleurs et dont les sections compétentes devront, en cas de conflit ou de grève, intervenir de droit comme arbitres.

Les syndicats professionnels, les conseils du travail, dont on s'occupe tant depuis quelques années, ne sont peut-être pas, après tout, inventions si nouvelles qu'on veut bien le dire. Il nous semble qu'avant M. Millerand, et même avant M. Waldeck-Rousseau, une école avait traité à fond toutes ces questions ; c'est l'école des démocrates chrétiens qui, depuis près de trente ans, réclame sans se lasser l'organisation de l'association professionnelle avec l'établissement de conseils permanents de conciliation et d'arbitrage.

Montrer que, chronologiquement et antérieurement au parti socialiste réformiste, l'école catholique sociale avait, au nom de la justice chrétienne et de l'égalité de la personnalité humaine, réclamé une organisation du travail mettant sur le même pied, dans les droits comme dans les devoirs, le patron et l'ouvrier, serait chose trop aisée. Des projets de loi sur la protection de la femme et de l'enfant, sur la limitation des heures de travail, sur le minimum de salaire, sur le repos hebdomadaire, sur l'organisation de l'association ouvrière, sur les retraites, sur les conseils d'arbitrage, ont donné lieu à des études approfondies depuis plus de trente ans chez des hommes tels que MM. de Mun, de la Tour du Pin, Lecour-Grandmaison, Lorin, Goyau, Turmann, aussi bien que chez les démocrates chrétiens d'Allemagne, de Belgique et d'Italie. Combien de ces travaux ont été utilisés par d'autres ou simplement démarqués par des sociologues qui n'avaient rien de catholique, mais qui se sont bien gardés de citer leurs auteurs [1]!

Mais le parti démocrate chrétien, tout en restant semblable à lui-même dans son essence, n'aurait-il pas évolué dans la façon de comprendre l'application pratique de ses principes sociaux? De même, à un autre pôle de l'opinion, une fraction du parti socialiste révolutionnaire n'a-t-elle pas été obligée, quand il a fallu passer à la pratique, d'abandonner une certaine rigidité première pour devenir réformiste? Il est enfantin de reprocher à la pensée, quand il s'agit des contingences sociales, certaines évolutions amenées par les nécessités de temps et d'époques. Le syndicat d'aujourd'hui n'est et ne peut être la corporation de jadis. Dans l'ordre moral, économique et physique tout doit évoluer selon la loi des êtres. Seul ce qui est mort ou ce qui est condamné à la mort n'évolue pas. L'évolution est le signe et la condition de la vie.

Les initiateurs du mouvement catholique social,

1. Sur le mouvement catholique social lire ce que M. Brunetière a écrit dans DISCOURS DE COMBAT : *la Renaissance de l'Idéalisme*, p. 50, Paris, Perrin.

tout en se réclamant des enseignements évangéliques pour s'occuper de l'amélioration du sort des classes populaires, ont paru au public, quelquefois à tort, d'autres fois avec raison, inféodés par leur passé et par leurs relations à une doctrine politique qui a subi depuis trente ans des défaites irrémédiables, et cela a été une première raison de défiance de la part de la démocratie.

La seconde cause de faiblesse du parti, c'est que les cercles catholiques d'ouvriers, création-mère du début, ont été une institution rentrant en définitive dans les œuvres de paternalisme, laissant subsister une sorte de tutelle du patron sur le travailleur dans bien des cas où cela ne semble plus indispensable et où il est normal de laisser l'ouvrier marcher et se diriger de sa propre initiative. Une association ne saurait être vivante que si elle tire de son sein même ceux qui sont appelés à la conduire. Le *self-government* pour les divers groupements sociaux doit être l'idéal de la démocratie, et il importa de diriger l'éducation populaire de façon à pouvoir le réaliser.

Loin de nous la pensée de critiquer les premiers initiateurs d'un mouvement digne de toute admiration et de tout respect. Ils ont été des précurseurs et ils n'étaient pas aussi timides qu'ils peuvent le paraître à distance, car elles furent nombreuses les difficultés qu'ils trouvèrent, principalement chez leurs amis, et il leur fallut un certain courage pour surmonter leurs résistances.

D'autre part, le pape Léon XIII a proclamé, dans son *Encyclique sur la condition des ouvriers*, l'existence de la question sociale, la nécessité urgente de rétablir sur les bases méconnues de la justice chrétienne les rapports des patrons et des ouvriers, et il a levé les barrières qui selon de faux errements pouvaient empêcher les masses populaires catholiques de se mêler au vaste mouvement qui entraîne maintenant la démocratie de tous les pays.

La vie va à la vie : telle est la pensée dont il importe de se pénétrer sous peine de disparaître. Si la religion se tient à l'écart du mouvement général social, intellectuel et scientifique d'un pays, elle est appelée à en être éliminée par une loi fatale qui est la loi de l'existence et elle n'est destinée à refleurir que chez les peuples où elle se décidera à se mêler à la vie.

Certains pouvaient espérer que la religion demeurerait la chose des riches et des privilégiés de l'existence; mais en vain, pour employer leur éternelle tactique, s'évertuent-ils à écrire et à répandre que les riches ne voient dans la religion qu'un moyen d'enseigner au peuple la résignation et la patience et d'endormir ses revendications, le bonheur ni la justice n'étant de ce monde. Des voix autorisées s'élèvent chaque jour qui, tout en maintenant les récompenses de l'au-delà, proclament le droit à la vie et les droits des travailleurs et condamnent les riches qui ne pratiquent pas la justice chrétienne. Sans être un grand théologien, il nous semble que, s'il y a un Dieu de résignation dont on abuse véritablement trop, il peut aussi y avoir un Dieu de justice, celui que célébrait dernièrement un évêque français dans les lignes suivantes :

« Mais, à proprement parler, disait Mᵍʳ Latty, s'appuyant sur l'autorité de saint Thomas d'Aquin et de Bossuet, ce sont nos rapports avec d'autres que nous qui font l'objet de la justice et qui sont marqués par elle au coin de la raison et de l'égalité. Vous êtes homme : que devez-vous à vos semblables et que vous doivent-ils? Vous êtes père : que devez-vous à vos enfants et que vous doivent-ils? Vous êtes patron, vous êtes ouvrier : que vous devez-vous l'un à l'autre? Chacun considère le bien qu'il doit aux autres, et il le leur rend : et il le leur rend en proportion de ce qui leur est dû ; il le leur rend, poussé par une énergie, une habitude de volonté ferme et absolue : la justice est tout cela...

« ... Un acte de justice est un apport nouveau de raison, d'ordre et d'harmonie, pour le bien de tous ; il est une contribution à la paix et à la force de l'Etat ; il est un raffermissement de la confiance et des sympathies que se doivent les membres d'une même patrie : tous et chacun y trouvent leur intérêt ; et c'est cette raison du bien public qui fait que « l'on donne aux hommes « justes, de préférence aux autres, le nom « d'hommes de bien ² ».

« ... La justice est donc, si je puis ainsi parler, la vertu du bien public ; elle est la vertu sociale par excellence, celle qui a la fonction de situer l'homme dans la société et les peuples dans l'hu-

---

1. *Lettre pastorale de Mᵍʳ Latty, évêque de Châlons, au Clergé et aux Fidèles de son diocèse, sur la Justice chrétienne.* Châlons-sur-Marne, MARTIN, 1903.
2. CICÉRON, I, *De officiis.*

manité. C'est elle qui doit présider aux échanges que font les citoyens entre eux, comme aux conventions qui lient les nations les unes aux autres; et c'est elle aussi qui doit diriger les États dans l'économie de leurs pouvoirs, de leur législation et de leur police. Sans la justice, il n'y a ni loi qui vaille, ni liberté qui ne dégénère, ni autorité qui ne se corrompe : elle est la garantie de tous nos droits. »

Après avoir lu de telles phrases cueillies au milieu d'autres non moins précises, est-il permis de prétendre sérieusement, sans ignorance ou mauvaise foi, que les ministres de la religion se contentent d'enseigner la résignation et la patience en promettant exclusivement une justice qui n'est pas de ce monde? Peut-on raisonnablement soutenir que la justice chrétienne ne soit pas la justice sociale? Ou plutôt peut-on concevoir la justice sociale autrement que la justice chrétienne qui ordonne déjà en ce monde, quoi qu'on en ait dit, hommes et choses en leur véritable place? Est-ce la faute de la doctrine chrétienne, si une partie de ses adhérents, en dépit du nom qu'ils portent, sont pratiquement retournés, en ce qui concerne leurs devoirs envers leurs semblables, aux façons de penser et d'agir du paganisme? C'est bien là qu'apparaissent toute l'étendue des réformes à accomplir et la nécessité de reprendre l'œuvre par la base[1].

*
* *

1. Comme un exemple de la tactique fréquemment employée aujourd'hui contre l'idée religieuse, nous citerons le passage suivant : « Dans

En vain, pour éluder les réformes nécessaires qui sont absentes de son programme, le parti radical, héritier du jacobinisme individualiste et bourgeois de la Révolution, cherche-t-il une diversion dans la lutte contre le cléricalisme. La

l'ordre politique et social, l'action du christianisme est en quelque sorte négative ; il enseigne au pauvre la résignation, il lui offre le paradis ; il adoucit la brutalité des forts, il leur oppose la menace de l'enfer ; mais, s'il réussit à organiser le couvent, il n'a pas de principes selon lesquels s'organise la société laïque. La vie politique et économique se déroule au-dessous des sphères sublimes auxquelles il prétend porter la pensée de l'homme ; il l'abandonne aux lois naturelles au lieu de chercher dans l'intelligence de ces lois le moyen de les plier aux exigences progressives de la raison humaine. Par là même il se condamne à s'adapter à toutes les formes de l'injustice et à absoudre ou justifier toutes les iniquités sociales. » (*Les Affirmations de la conscience moderne*, par Gabriel Séailles, 1903, p. 61.)

A cette appréciation un peu hâtive, nous nous plairons à en opposer une autre qui a bien sa valeur : celle des socialistes au temps où ils n'étaient pas encore dirigés par les intellectuels purs. Parmi de nombreux passages fort suggestifs que nous lisons dans le journal l'*Atelier*, rédigé par le parti ouvrier au milieu du xix⁰ siècle, prenons le suivant daté de novembre 1847 : « Entre l'autorité qui repose sur la révélation chrétienne et celle qui repose sur une conception purement humaine, il y a cette différence énorme que la première est essentiellement démocratique, tandis que l'autre est nécessairement aristocratique. En effet, étant admis que la liberté, l'égalité, la fraternité, sont voulues de Dieu même, qu'il en a positivement et directement donné la loi aux hommes et qu'il fait préceptes de détail tous les devoirs individuels et sociaux propres à en amener la réalisation complète ; cela étant admis, les pauvres, les ignorants, les infériorisés de toute manière sont immédiatement et moralement relevés... (P. 20.)

« Il en serait tout autrement d'une conception humaine ; elle serait variable et modifiable à l'infini. Point de certitude morale. Les meneurs populaires ne connaîtraient en fait de préceptes moraux que ceux qui sortiraient du cerveau des philosophes, de sorte que ceux-ci deviendraient la loi vivante : loi très peu obéie, sans doute ; mais enfin, en l'absence d'une science sociale révélée par Dieu, il faudrait bien suppléer par la philosophie, et dès lors l'aristocratie de l'intelligence est consacrée. Le vulgaire n'ayant plus son évangile pour lui servir de pierre de touche, le vulgaire en est réduit à croire ce que lui dit tel philosophe, sauf à ne plus croire le lendemain parce que tel autre philosophe révélera une autre soi-disant vérité. Voilà ce que doit amener nécessairement la substitution de la philosophie à la religion, c'est-à-dire l'anarchie la plus complète dans les idées, l'incertitude morale la plus funeste et, en fin de compte, la domination des lettrés sur les illettrés. » (P. 21.)

ruse sera mise au jour tôt ou tard et d'une façon définitive par les socialistes, dont la conception est, au contraire, basée sur le principe d'association et d'organisation du travail.

Si l'on va au fond des choses, que pèsent pour le travailleur des préoccupations de lutte antireligieuse à côté de l'effort quotidien qu'il dépense pour son salaire, en regard de l'angoisse et des soucis qui l'oppressent quand il songe à l'avenir de sa famille ou à la tranquillité problématique de ses vieux jours? Mensonges et diversions, c'est ce qui fait le fond de la politique actuelle! Les choses apparaîtront au travailleur d'une façon plus claire et plus nette quand la question aura été placée, aussi bien par les croyants que par leurs adversaires, sur son véritable terrain, que le trop long malentendu, sur lequel vivent les libres penseurs, aura été dissipé, que tous les bons citoyens auront exclusivement en vue, dans la confection des lois sociales, l'amélioration du sort du plus grand nombre sans préoccupations ni distinctions confessionnelles ou anticonfessionnelles.

Dans notre pays, cela est certain, la majorité de la population n'est pas hostile à la religion, mais comment se fait-il alors que, la plupart du temps, ses gouvernants le soient d'une façon délibérée? A cet état de choses il ne peut y avoir qu'une explication, c'est que le parti catholique, si tant est qu'un groupement quelconque ait le droit de se parer de ce titre, inspire d'insurmontables défiances. Mais ces défiances ne s'appliquent-elles pas précisément à ce qui n'est qu'une fraction sans mandat de la collectivité catholique?

C'est bien là, il nous semble, l'erreur habituelle, dans notre pays, des gens abordant la vie publique, qui ne peuvent agiter une question sociale ou fonder une association professionnelle sans prendre immédiatement une couleur religieuse ou antireligieuse. Que des groupes d'études sociales, se réclamant des enseignements de l'Évangile, aient une vie propre, des journaux et des organes publics, expression de leurs pensées et de leurs doctrines, planant bien au-dessus des misérables contingences de la politique courante, cela existe et cela doit être, c'est la condition d'une propagande rationnelle et judicieuse. Mais, à côté de ce fonds solide, combien doit-on se méfier de ceux qui, sans choix et sans discernement, prennent une enseigne religieuse pour se lancer dans les tristes luttes de la politique! Car le politicien, c'est l'ennemi-né, quoique souvent d'ailleurs inconscient, de l'idée religieuse. Il ne sert qu'à la compromettre avec lui quand il ne lui arrive pas de l'entraîner dans sa chute.

L'opinion publique, en effet, est prompte à généraliser. La masse populaire, souvent incroyante, en tous cas indifférente et sûrement peu au courant des nuances, ne connaît bientôt plus, parmi les catholiques, que les plus tapageurs. Elle généralise, disons-nous, elle voit un parti ardent qu'elle se figure intolérant et prêt à monter à l'assaut du pouvoir. Elle en fait des jacobins à rebours qui mentent en parlant de liberté, puisqu'elle les soupçonne de ne pas vouloir l'appliquer, quand ils seront au pouvoir. Or, jacobins pour jacobins, elle préfère encore ceux qui sont aujourd'hui en place. A ce sentiment s'en mêle encore un autre plus complexe : la peur instinctive, la défiance de tout ce qui touche à certaines classes. La vieille obsession égalitaire qui recouvre l'âme de tout Français et qui reste la clef de nos révolutions, l'envie prompte à s'éveiller quand l'idée de classe est en jeu, tels sont encore des facteurs venant corroborer puissamment tant d'autres causes de désaffection à l'égard de la religion. Dans certaines assemblées populaires vous ne pouvez plus prononcer le nom de Dieu, car, dans trop de milieux, empoisonnés aujourd'hui par les nouvelles doctrines, le Dieu des catholiques, c'est le Dieu des riches et des bourgeois.

La conséquence de ce lamentable état de choses, c'est que la majorité de la population de notre pays, douée d'une âme en réalité religieuse bien que d'un christianisme souvent latent, pâtit de la fausse direction imprimée par quelques-uns.

Souhaitons donc de voir disparaître le plus tôt possible toute idée de constitution d'un parti catholique sur le modèle des partis politiques, sous peine de le voir, par la force des choses, se confondre bientôt avec l'un ou l'autre d'entre ces derniers, pour sombrer en fin de compte avec eux. C'est le plus grand tort que l'on puisse faire au catholicisme en France que de lui supposer les mêmes chefs qu'à n'importe quel parti électoral. Que, suivant leurs affinités et leurs préférences, les catholiques aillent grossir les rangs des conservateurs ou des républicains, des libéraux ou des démocrates ; qu'ils ne s'appliquent à lutter que sur le terrain constitutionnel, cela au fond importe peu au bien de la religion elle-même. Pour les catholiques, il s'agit avant tout de gagner individuellement les cœurs par un large esprit de tolérance, d'attirer la confiance par leur loyauté et leur bonne foi, de faire sentir une bienfaisante influence par des convictions généreuses et un apostolat incessant pour le bien et les œuvres d'amélioration sociale.

Pourquoi se constitueraient-ils en parti fermé et distinct puisqu'au point de vue électoral, en agitant une étiquette confessionnelle, ils sont voués la plupart du temps à un échec certain? Pourquoi, au point de vue social, dans la création d'organisations syndicales et ouvrières, qui sont en somme avant tout des institutions économiques, tiendraient-ils à une marque religieuse propre à éloigner les esprits défiants et à limiter en tous cas leur champ de recrutement? Qu'on ne croie pas que nous conseillions une hypocrisie quelconque. Dans certains pays, en Belgique par exemple, nous le savons, le mélange de la vie sociale et de la vie religieuse est intime dans la nation, et on ne concevrait pas un autre procédé d'action. En France, le terrain nous semble peu préparé et une pareille tentative resterait limitée à une clientèle peu nombreuse et toujours la même.

Combien nous semble préférable l'action de ces jeunes gens, animés de la foi robuste des premiers chrétiens, créant, comme on les voit faire aujourd'hui, des groupes d'études par tout le territoire, puis se décidant à entrer dans toutes les associations de travailleurs où il y a des êtres humains à aider, des faibles à soutenir et des camarades à guider dans la voie épineuse des revendications sociales! Ne peut-on pas également, animé par l'esprit évangélique, comme d'autres le sont par des idées humanitaires, provoquer la création de groupements uniquement professionnels, sans étiquette spéciale religieuse ou politique, où l'on gagnera les cœurs par le désintéressement et par l'exemple, mieux qu'en essayant de constituer tout d'abord une église exclusive et fermée?

La vie va à la vie, avons-nous dit; chacun, quelles que soient ses convictions, doit prendre part à la vie nationale. Mieux qu'en exigeant à l'entrée des associations professionnelles un credo quelquefois difficile à prononcer, les catholiques, s'ils veulent remplir leur fonction d'organe bienfaisant dans la société, pourront, par le système que nous préconisons, réintroduire l'idéal évangélique dans les veines du pays empoisonné par le grossier matérialisme des appétits aujourd'hui déchaînés.

Enfin, la démocratie veut qu'on s'occupe d'elle. Il est certain que jusqu'à présent, chez les catholiques, les démocrates sont en minorité. Ils en sont encore à étonner ou à effrayer la masse de leurs coreligionnaires; or la démocratie, si elle s'aperçoit que les catholiques s'isolent dans des associations à étiquette confessionnelle, font bande à part et la négligent, les tiendra définitivement pour suspects.

*
* *

Que les préoccupations politiques doivent faire place bientôt, dans la vie nationale, aux soucis de l'organisation sociale, des réformes à accomplir en vue de diminuer la misère humaine et d'augmenter la part de bien moral et matériel du plus grand nombre, de ce plus grand nombre qui prend chaque jour mieux conscience de sa force, cela n'a plus besoin d'être démontré. C'est pourquoi l'on a le sentiment de quelque chose qui va changer, ou plutôt, de bien des choses qui s'écroulent. L'étude des événements de ces dernières années ne peut que nous confirmer dans cette croyance que l'orientation de la nation est en train de se modifier profondément.

Nous nous souvenons de ce que fut notre génération au lendemain de la guerre de 1870. Arrivés sur les bancs de l'école au moment où se taisaient les canons de la défaite, nous ne connûmes qu'une idée, c'était l'Idée, celle qui fait sourire aujourd'hui nos jeunes intellectuels, et cependant, alors, tout Français digne de ce nom eût rougi de ne pas garder au cœur une invincible espérance. Nous sentions, et combien depuis les événements nous ont donné raison! que, la France abattue, un immense malaise allait peser non seulement sur notre pays, mais sur le monde entier.

Puis, cette monstrueuse séparation d'avec les provinces perdues ne paraissait-elle pas alors que provisoire? C'était dans le but de régler définitivement cette question que l'on élevait les jeunes générations. Il semblait que ce fût la grande et l'unique affaire, et il est vrai qu'elle était de quelque importance puisque c'est faute de l'avoir réglée que la France a perdu, d'une façon peut-être, hélas! définitive, la place qu'elle avait jusqu'alors occupée dans le monde, c'est-à-dire la première.

Ce fut donc sous la pensée de la revanche que le peuple, durant les premières années, accepta sans murmurer le service militaire et que les fils de la classe aisée se précipitèrent dans les écoles d'officiers. On voulait être au premier rang quand sonnerait l'heure décisive, l'heure prochaine, pensait-on, et l'on attendit. On attendit cinq ans, dix ans, vingt ans, trente ans. On sait le reste. A vrai dire, aujourd'hui il ne s'agit guère de revanche chez ceux qui dirigent l'opinion publique, mais ni plus ni moins que de l'institution militaire elle-même et de la question même de patrie.

Bien plus, il arrive que le poids de la défaite qui nous écrase nous arrête et nous annihile dans tant d'entreprises depuis trente-trois ans, se fait encore sentir à distance de façons nouvelles et inattendues, sans compter celles que l'on pourra noter plus tard. Toutes ces générations, élevées avec l'idée patriotique au cœur, enflammées de ces pensées généreuses qui ont été le patrimoine légué à elles par les monarchistes de l'Assemblée nationale, comme par les Thiers et les Gambetta, tous ces fils de la bourgeoisie, dirigés vers les écoles militaires, ont manqué de formation sociale. Une partie notable de l'élite intellectuelle de notre pays a été drainée et ensevelie dans cette armée où elle a fait consciencieusement, mais obscurément, son devoir. Là, réduite au silence, confinée dans le train-train habituel du labeur journalier, sans action extérieure sur la vie de la nation, elle a laissé sans emploi toute une influence de naissance, de richesse et de situation qu'il était indispensable d'utiliser pour le bien général.

Ainsi la jeunesse riche s'est en partie isolée du reste de la nation. Elle ne s'est pas suffisamment mêlée à la vie sociale, industrielle et économique de cette dernière, et la vie s'est retirée d'elle. Poursuivie par l'illusion que le pays aurait sous peu besoin d'elle pour l'œuvre de l'éclatante réparation de la défaite, elle s'est longtemps nourrie de vains espoirs. Tandis que les regrets stériles des pères se portaient vers les espérances monarchiques envolées, les fils, de leur côté, lors même qu'ils n'avaient pas embrassé la carrière militaire, ne se rendaient pas un compte suffisant des nécessités démocratiques, se laissaient évincer de la vie politique et sociale et permettaient de prendre leur place à d'autres d'autant plus âpres à la lutte qu'ils avaient plus à gagner et moins à perdre.

A ces causes de manque de formation sociale dans les classes aisées nous pourrions en ajouter d'autres, et, parmi elles, le défaut d'éducation préparatoire à la vie publique autant dans les lycées que dans les collèges religieux où elle a été élevée. Il est étonnant que l'on continue à enseigner le grec et le latin dans nos établissements d'instruction alors qu'on laisse s'embarquer dans la vie des jeunes gens dénués des plus élémentaires notions d'économie sociale pratique. Dans les écoles secondaires surtout, ne serait-il pas salutaire d'apprendre aux élèves les bienfaits de l'association, la fonction sociale de la mutualité, les avantages économiques de la coopération, la nécessité pour toute collectivité, ayant des intérêts communs, de se syndiquer en vue d'arriver à la représentation naturelle et légale de ces mêmes intérêts ?

Ces notions, nécessaires au peuple, le sont encore davantage aux favorisés de la fortune. Combien de fois nous est-il arrivé de rencontrer des hommes sur lesquels on compte, dans certaines régions, pour se présenter à la députation et qui ignorent même ce que c'est qu'un syndicat ouvrier ou agricole, qu'une société de secours mutuels ! Ils pèchent plus par ignorance que par mauvais vouloir. Ils ne peuvent savoir ce qu'on ne leur a pas appris, et il convient de s'en prendre plus à la frivolité et à la légèreté du milieu qu'à tout autre cause.

Ce qui est vrai, c'est que la bourgeoisie, à part des exceptions heureusement nombreuses, s'en va plus volontiers à ses plaisirs qu'à l'étude des questions embarrassantes, et sous le nom de bourgeoisie, nous entendons toutes les classes jouissant d'une situation plus ou moins aisée. Tandis que le prolétariat travaille sans relâche, non seulement de ses mains, mais du cerveau et de l'intelligence pour découvrir les solutions de demain, il arrive que, dans trop de familles en France, quand les pères ont reçu la récompense de leur labeur, les fils, ayant trouvé fortune faite, s'empressent d'oublier la dure et juste loi du travail. La vie facile entraîne malheureusement trop d'inutiles, occupés de frivolités sans résultat. On ne sait si on doit être plus attristé par l'audace de ses adversaires que par la méconnaissance et l'ignorance de quelques-uns de ses amis en ce qui concerne leurs propres intérêts. Mais le nombre, hâtons-nous de le dire, commence à diminuer notablement de ces insouciants de parti pris, et dès maintenant, nous en avons fait l'expérience, ils sont légion ces jeunes gens qui trouveraient intéressant d'étudier les questions d'économie sociale populaire, si on leur indiquait une direction ! Combien seraient heureux de fréquenter les réunions d'études où l'on s'efforce de pénétrer les besoins de l'heure présente, pour s'emparer ensuite de l'âme des foules, en leur apportant les solutions logiques et nécessaires ! Et il faudra que l'on en arrive là, si la société actuelle ne veut pas consentir à se désagréger, à brève échéance peut-être, et de façon aussi lamentable que la société de l'ancien régime, il y a cent et quelques années.

Et cependant, si la vue du temps présent nous choque et nous irrite, ne nous laissons pas trop aller au découragement. Rappelons-nous le mot du maréchal de Montluc, vieux et grondeur parlant du temps de sa jeunesse : « Depuis tout s'est abastardy, constatait-il avec mélancolie, aussi tout s'en va à l'envers, sans que ceux qui vivent puissent espérer voir les choses en meilleur estat. » Depuis Montluc, comme déjà avant lui, chaque génération répète le même refrain, et cependant le monde, qui, à ce compte, devrait être bien bas, a fait cependant parfois de bonne besogne et demeurera encore, nous en sommes convaincu, capable d'en faire, tant qu'il y restera de braves gens.

SYNDICATS, MUTUALITÉS, RETRAITES

PREMIÈRE PARTIE

I

LES SYNDICATS PROFESSIONNELS

CHAPITRE I

L'ASSOCIATION PROFESSIONNELLE
CHEZ LES TRAVAILLEURS

L'attention publique est de nouveau ramenée vers l'examen de la loi sur les syndicats professionnels du 21 mars 1884 et sur les modifications que l'expérience peut engager à y apporter. Depuis sa promulgation on compte, en effet, plus de douze textes de propositions de loi ayant pour objet de l'améliorer sur un point ou sur un autre. Notamment, dans ces derniers temps, nous avons eu la proposition de M. l'abbé Lemire (3 juillet 1902), celle de M. Millerand (14 octobre 1902), celle du citoyen Vaillant (26 janvier 1903), enfin le rapport qui a été fait au nom de la Commission du Travail, chargée d'examiner les propositions précédentes, et qui a été établi d'une façon fort documentée par M. Barthou[1]. Ces divers travaux per-

[1]. Chambre des députés, n° 1418, *Annexe au procès-verbal de la séance du 28 décembre 1903.*

mettent d'envisager à des points de vue différents les dispositions nouvelles à introduire dans la loi, suivant que l'on considère le syndicat comme un instrument de pacification sociale ou de guerre de classe, comme un organe de simple amélioration ou, au contraire, de transformation économique.

L'étude des derniers congrès socialistes, et mieux encore l'histoire de récentes grèves, permettent de juger à quel point on a corrompu en France l'institution syndicale, alors que l'idée si féconde de l'association professionnelle enfante à l'étranger des merveilles. Or, pourquoi, chez nous, n'en serait-il pas de même? Ne suffirait-il pas pour cela de poursuivre utilement la réforme de la législation et surtout la réforme des mœurs publiques? Mais la seconde serait peut-être plus compliquée que la première.

Au surplus, la question de savoir si le développement du mouvement syndical est chose bonne ou mauvaise, et si l'on doit ou non s'efforcer de l'activer, pouvait encore avoir son intérêt il y a vingt ans. Or c'est déjà une question rétrospective. Elle a reçu sa réponse des événements qui se sont écoulés depuis la loi du 21 mars 1884. Le mouvement syndical est un fait; c'est même le fait social le plus important de ces dernières années. Mais il ne se limite pas, comme on semble trop volontiers le croire, au monde des mines et des usines, parce que c'est ce monde-là qui fait le plus de bruit. N'oublions pas que si, en France, un quart des habitants vit de l'industrie, et encore n'y a-t-il pas dans cette catégorie que des salariés, les trois autres quarts tirent leur subsistance du commerce, des carrières libérales, et surtout de l'agriculture qui, à elle seule, englobe la moitié de la population totale du pays.

C'est pourquoi nous devrions examiner l'idée syndicale dans son acception la plus large et en étudier l'application dans toutes les classes de la société, dans tous les métiers grands et petits, car le champ du développement syndical est illimité ou plutôt n'est limité que par celui de l'activité nationale. Chaque année, depuis la loi de 1884, chaque mois, chaque jour, devrais-je dire, il surgit une nouvelle floraison d'associations professionnelles dans toutes les branches de la vie française, industrie, commerce, agriculture, du côté patronal comme du côté ouvrier, que l'on considère les carrières libérales ou les professions manuelles. Partout où il y a des hommes se livrant aux mêmes occupations et jouissant de la faculté de s'associer entre eux dans un but commun, le fait existe, est incontestable, s'impose. Il ne s'agit plus de vouloir ou non l'entraver. Il répond à une nécessité sociale, et c'est ce qui en fait la fortune.

Notre but sera donc de rechercher les causes qui ont présidé à l'éclosion du mouvement syndical, d'examiner la législation qui régit actuellement les associations professionnelles, d'étudier les améliorations qu'elle comporte, et les moyens d'orienter le mouvement syndical actuel dans une direction rationnelle qui permettra d'en faire dériver des institutions sociales durables. Il convient d'insister sur ce mot durable, car il sera la conclusion et la sanction de cette étude. Nous sommes en effet de ceux qui, dans l'état anarchique et inorganisé où notre malheureux pays se débat vainement depuis cent ans, croient à l'efficacité de l'association professionnelle, la considèrent comme la base sociale indispensable d'une partie des institutions d'un pays et, le cas échéant, comme une planche de salut pour la France à bout de constitutions politiques éphémères et d'expériences révolutionnaires.

Notre intention n'est pas, dans un court travail, d'envisager toutes les faces d'une question aussi complexe. Notre but est plus modeste, et, comment dirai-je? plus démocratique. Nous ne nous occuperons que de l'organisation syndicale ou corporative, ou plutôt, pour employer une expression plus claire, que de l'organisation professionnelle chez les moins favorisés de la fortune, c'est-à-dire chez ceux qui travaillent de leurs mains, qu'ils appartiennent à l'industrie, au commerce ou à l'agriculture, et ainsi nous limiterons notre étude à celle des syndicats de salariés et d'employés dans l'industrie et le commerce, d'artisans et de petits négociants exploitant eux-mêmes leur fonds, et d'agriculteurs vivant du sol. Il est certain que l'on peut faire entrer dans ces divers types de syndicats, l'immense majorité de la nation française. Ce sont ces masses profondes populaires qui constituent la réserve du pays; en elles sont renfermés les travailleurs qui le mettent en valeur; c'est là que, d'un mouvement continu et en quelque sorte rythmique, la nation vient puiser, de siècle en siècle, les soldats qui doivent la défendre et vient réparer les déchets inhérents à tout peuple qui répand sans compter ses forces vives à la tête de la civilisation et aux quatre coins de l'univers.

Ainsi, la conservation et la grandeur même de notre pays sont-elles liées à l'amélioration du sort du plus grand nombre. Or, comment la multitude, jusqu'à présent inorganisée, arrivera-t-elle à faire entendre sa voix auprès de la classe patronale et des favorisés de la fortune, et à défendre ses intérêts auprès des pouvoirs publics, à rendre plus stable, plus prospère et plus enviable la condition de chacun? L'histoire sociale des différents peuples nous l'apprend, le mouvement syndical actuel nous le confirme ; c'est par l'association, succédant à la pulvérisation des individus, c'est notamment par l'organisation rationnelle et logique de l'association professionnelle, reposant sur les liens les plus forts qui soient après ceux de la famille, que l'on peut espérer un résultat plein de fécondes conséquences, et parmi celles-ci, il y a lieu d'en indiquer deux principales : un peu plus de justice sociale répandue dans le pays, un nouvel élément de pacification introduit dans notre vie nationale.

CHAPITRE II

COUP D'ŒIL SUR L'HISTOIRE DES CORPORATIONS DE MÉTIERS EN FRANCE. — LEUR INFLUENCE. — LEUR SUPPRESSION.

Avant d'aborder l'étude de l'association professionnelle telle qu'il est permis d'en souhaiter l'organisation dans les conditions actuelles de la société, un bref retour sur l'histoire corporative de notre pays nous semble tout d'abord indispensable.

Mais, pour nous rendre compte du rôle social de la corporation de métiers d'autrefois, il importe de l'examiner dans sa constitution intérieure et dans son action extérieure.

Forme unique de l'organisation du travail sous l'ancien régime, les corporations de métiers furent établies avec leurs statuts et leurs règlements définitifs vers les XIIe et XIIIe siècles. Ce mouvement coïncida avec l'essor prodigieux que prirent à ce moment le commerce et l'industrie, alors que d'autre part les populations, sortant de l'époque confuse du moyen âge, élevaient ces magnifiques cathédrales gothiques qui restent les monuments de toute une renaissance sociale et religieuse, et de toute une brillante période de civilisation.

Ces corporations se recrutaient chacune dans un métier spécial et augmentèrent en nombre de siècle en siècle. Elles devinrent peu à peu extrêmement puissantes. Les plus importantes à Paris furent celles que l'on appela plus tard les Six Corps, c'est-à-dire les drapiers, les épiciers, les changeurs, les merciers, les pelletiers et les orfèvres [1].

Les corporations de métiers se composaient intérieurement de trois catégories de personnes : d'abord les maîtres, puis les ouvriers, valets ou compagnons, et enfin les apprentis. Pour devenir maître, il était nécessaire de subir un examen, de faire un chef-d'œuvre. Chez les barbiers, il fallait savoir raser et saigner, car ils remplissaient au besoin le rôle de médecins. Avant d'accepter dans son sein un charcutier, la corporation s'assurait que le candidat savait tuer et dépecer proprement un animal. De même, les menuisiers devaient pouvoir confectionner un ouvrage en bois quelquefois compliqué.

Les ouvriers ou compagnons s'engageaient chez les maîtres pour un temps déterminé, moyennant un salaire fixé par les règlements qui prévoyaient aussi une limitation des heures de travail.

Pour devenir compagnon, il fallait avoir été apprenti pendant un temps qui variait suivant les métiers. Pour l'apprenti, comme pour l'ouvrier, des règlements fixaient les rapports avec les patrons qui avaient vis-à-vis de leur personnel certains devoirs à remplir. Il y en avait notamment

1. Consulter *Histoire des Corporations de Métiers*, par Et. Martin Saint-Léon. Paris, Guillaumin, 1901.

de spécifiés concernant la protection de l'enfant. Le nombre des apprentis était limité afin d'empêcher le surcroît de main-d'œuvre.

Le pouvoir exécutif chargé de faire appliquer les règlements, de surveiller les apprentis, d'examiner les candidats à la maîtrise, de percevoir les droits fiscaux, de présider les assemblées et de gérer les finances de la corporation, appartenait aux jurandes composées de syndics et jurés, élus par les membres de l'association.

Dans ces conditions il est clair que la liberté de l'industrie et du commerce n'existait pas. L'on comprend d'ailleurs que les maîtres n'aient pas tenu à voir la concurrence s'élever autour d'eux et que peu à peu ils se soient efforcés de multiplier les barrières à l'entrée des métiers.

Jusqu'au XVIᵉ siècle, les corporations durent fournir une sorte de service militaire sous la forme de compagnies du guet chargées de maintenir le bon ordre, force armée qui devait fort ressembler à notre garde nationale du XIXᵉ siècle. Dans les cérémonies publiques, lors de l'entrée des rois dans les villes, dans les fêtes de couronnement, dans les processions, les corporations arboraient des bannières spéciales, exhibaient des costumes et jouissaient de préséances honorifiques qui donnaient à ces manifestations le caractère le plus pittoresque.

Pour compléter ce tableau nécessairement un peu sommaire, disons qu'à côté des corporations existaient les confréries, associations pieuses et charitables, composées de maîtres et d'ouvriers, d'autres fois de compagnons seulement. On s'y portait réciproquement aide et assistance en cas de maladie et ce fut l'origine des sociétés de secours mutuels d'aujourd'hui. Il en est encore, parmi ces dernières, dont la filiation est restée ininterrompue depuis des confréries antérieures à la Révolution.

La corporation de métiers, qui répondait, au début, à une nécessité économique et sociale au moment où on sortait du moyen âge, joua un grand rôle politique dans les communes qui s'organisèrent pour la défense des libertés municipales, en face du pouvoir royal ou du pouvoir féodal des seigneurs. Les corporations furent l'âme de la vie municipale à Paris et dans les autres villes de France. Ce fut par les corporations, fortement unies dans leurs revendications, que se créa ce mouvement de lente élaboration du tiers état et d'accession progressive de la bourgeoisie vers les pouvoirs publics, mouvement qui eut son couronnement dans la Révolution de 1789.

Pour un observateur superficiel ou encore pour un homme ayant pour but de faire servir l'histoire à des conceptions de parti plus ou moins habiles, la corporation peut se présenter sous différents jours. Aux yeux de quelques-uns, la corporation de métiers de l'ancien régime, c'est une association de patrons artisans, groupement purement économique, fermé, jaloux de ses monopoles, redoutant avant tout la concurrence de nouveaux venus, et défendant pied à pied ses privilèges, jusqu'au jour où le grand niveau égalitaire de la Révolution aura passé sur lui. Pour d'autres, au contraire, la corporation est le type de l'organisation du travail où patrons et ouvriers d'autrefois trouvaient dans une sorte d'atelier familial à type patriarcal une réglementation du travail assurant, avec la fixité des salaires, un jeu normal de la production. Pour eux c'est l'institution permettant de se limiter aux besoins de la consommation, tendant à supprimer le chômage, et donnant en outre à tous aide et assistance en cas de maladie, d'invalidité et de vieillesse.

Ces deux conceptions de l'ancienne corporation nous semblent également erronées ou plutôt les observateurs, dont il s'agit, risquent de ne jamais s'entendre, car les premiers considèrent la corporation au moment de son déclin et de sa décadence, alors qu'il était indispensable de porter dans cette institution de vigoureux coups de hache pour l'adapter aux besoins de la société moderne. Les seconds, en revanche, prennent la corporation à son début, alors que, surgie au xiii° siècle sur un sol préparé, elle complétait admirablement les conditions de tout un ordre social et politique, issu des entrailles de la nation après cette époque de longue et pénible gestation qui s'appelle le moyen âge. Ce qui est vrai, c'est que les corporations, comme tant d'autres institutions, ont porté en elles beaucoup de bon à leur début, et beaucoup de mauvais vers leur fin, qu'elles n'ont pas marché parallèlement avec le mouvement économique du pays et qu'elles appelaient les plus sérieuses réformes au moment où elles ont été emportées dans la tourmente révolutionnaire. Enfin la monarchie absolue, en trafiquant des charges des corporations, afin de battre monnaie, contribua grandement à leur décadence.

De ce court aperçu sur leur histoire il est toutefois un point sur lequel il convient d'insister, c'est l'action des corporations de métiers sur la vie municipale et publique. La vie industrielle et commerciale, la vie économique en un mot des villes de France tenait tout entière dans la vie corporative. Aujourd'hui réserve-t-on aux associations professionnelles formées dans l'industrie et le commerce, dans les métiers grands et petits, la part d'influence qui, d'après les règles du simple bon sens, devrait leur revenir de droit, soit dans la gestion des affaires publiques, soit seulement dans la confection des lois et règlements concernant respectivement les diverses professions ? La réponse négative n'est pas douteuse ; c'est pourquoi nous nous réservons de mettre plus loin en relief la nécessité de faire participer à l'avenir les associations professionnelles, sinon à titre délibératif, du moins à titre consultatif dans la solution des questions sociales et économiques intéressant leurs membres.

Les corporations, jurandes et maîtrises furent supprimées en 1776 par Turgot et rétablies sur de nouvelles bases quelques mois après, à la chute de ce ministre. Mais elles n'eurent pas le temps de se réorganiser avant la Révolution. Le 14 juin 1791 fut votée par l'Assemblée Constituante, sur la proposition du député Le Chapelier, la célèbre loi qui mit fin aux corporations et dont le début est le suivant :

ARTICLE PREMIER. — L'anéantissement de toutes espèces de corporations de même état ou profession étant l'une des bases de la Constitution, il est défendu de les rétablir sous quelque prétexte que ce soit.

Art. 2. — Les citoyens de même état ou profession, les ouvriers et compagnons d'un art quelconque ne pourront, lorsqu'ils se trouveront ensemble, se nommer président, secrétaire ou syndic, tenir des registres, prendre des arrêtés, former des règlements sur leurs prétendus intérêts communs.

Parmi ceux qui votèrent cette loi si grosse de conséquences, tous se rendirent-ils compte de la portée de l'œuvre qu'ils accomplissaient? Après tant de réformes salutaires que nous a léguées la Révolution, il est permis de dire que cette mesure fut une colossale erreur et, sous prétexte de liberté et d'égalité, la disposition la plus réactionnaire et la plus antidémocratique que l'on pouvait prendre à l'égard des masses populaires. Les corporations, cela est entendu, étaient condamnées depuis longtemps dans leur forme surannée, ou du moins, si l'on voulait en laisser debout certaines parties, il était besoin d'une main habile et délicate pour réparer le chancelant édifice, ce qui, malheureusement, n'était pas le fait des législateurs de ce temps aux idées abstraites et absolues. Car, interdire le droit de réunion même aux anciens compagnons, défendre aux ouvriers, aux salariés de s'assembler entre camarades pour défendre leurs prétendus, — *leurs prétendus!* — intérêts communs, empêcher la formation de groupements nécessaires pour discuter avec les patrons les questions concernant les salaires et les heures de travail, laisser l'individu faible, isolé et gagnant son pain au jour le jour, obligé d'en passer par toutes les conditions d'un puissant employeur, le livrer en un mot sans défense à l'implacable loi d'airain, telle a été cependant l'œuvre de la Constituante à l'égard des ouvriers. D'ailleurs il est juste de dire que, si la Révolution a été faite au profit du troisième état qui s'appelait la bourgeoisie, il n'était pas encore question du quatrième état ; mais celui-ci, qu'on avait oublié, ne devait pas tarder à faire parler de lui.

Les panégyristes de la Révolution ont prétendu que, pour faire œuvre féconde, les législateurs de ce temps-là avaient dû faire table rase de toutes les institutions ; et cependant les révolutionnaires, en décrétant que les citoyens, que les ouvriers et compagnons d'un même état ou profession n'auraient pas le droit de se réunir pour délibérer en vue de leurs intérêts communs, ont introduit une doctrine dont la France a failli mourir. Il fut désormais impossible de canaliser les forces ouvrières dans des associations qui, habilement réorganisées, eussent cependant permis au monde du travail de faire son éducation civique, de mûrir, de formuler et de présenter pacifiquement, s'il y avait lieu, des revendications légitimes. Incapables de se faire entendre, bâillonnés avant d'avoir parlé, les travailleurs n'ont plus gardé d'espoir que dans la révolution sociale, dans le coup de baguette magique qui devait les débarrasser, comme par enchantement, de toutes leurs misères. L'état anarchique, où se sont débattues les forces ouvrières depuis cette époque, a duré près de cent ans. Il a été marqué par des émeutes, par des révolutions, par des batailles et des journées sanglantes. En voulant dompter le lion populaire, on n'a fait que l'exaspérer. Mais, pendant ce temps, ce qui n'est pas moins grave, les autres catégories de citoyens, privées également du droit d'association, perdaient de vue l'objectif des libertés nécessaires, ne formaient plus en face d'un pouvoir exagérément centralisateur qu'une pulvérisation impuissante et un terrain sans consistance, où devaient pouvoir s'exercer à l'aise toutes les tyrannies.

Voilà où nous en sommes, et ce serait à désespérer de notre pays si, dans la loi du 21 mars 1884 sur les syndicats professionnels, loi dont nous devons sans cesse poursuivre l'amélioration à certains égards, nous n'apercevions le point de départ de tout un nouvel ordre de choses, l'embryon d'un système d'organisation professionnelle encore imprécis, mais dont le temps, nous l'espérons, arrivera à fixer les lignes.

CHAPITRE III

LES TRADE UNIONS EN ANGLETERRE
LEUR ÉVOLUTION

N'oublions pas toutefois que, si la nuit s'était étendue pendant près d'un siècle sur les libertés corporatives, en un temps l'honneur de la vieille France, il est un pays voisin, terrain classique des associations professionnelles, où il en allait autrement. Durant cette période, en effet, en Angleterre, les institutions de cette nature progressaient bon an mal an, aidées par le génie persévérant et méthodique de la race anglo-saxonne; là s'affirmait le mouvement des *Trade Unions* ou Unions de métiers.

Il n'est pas possible de saisir la genèse et la portée du processus ouvrier moderne si l'on n'a étudié préalablement l'histoire des Trade Unions anglaises. Et d'abord leur définition d'après le principal écrivain du parti [1] : « Une Trade Union est une association permanente de salariés qui se proposent de défendre ou d'améliorer les conditions de leur contrat de travil. » Elle correspond

---

1. *Histoire du Trade Unionisme*, par Sidney et Béatrice Webb, Paris, Giard, 1897.

en principe, bien qu'en pratique elle ne lui ressemble guère, au syndicat ouvrier français.

Ce serait faire preuve d'ignorance historique que d'assimiler les unions de métiers anglaises du xixe siècle aux corporations d'autrefois. En Angleterre, comme en France et ailleurs, les corporations antérieures à la Révolution sont avant tout des unions de maîtres-ouvriers, de patrons. La Trade Union reste une association de salariés. Elle est née précisément de la décadence des métiers et des ateliers familiaux qui ont été peu à peu remplacés par l'usine de la grande industrie. Par suite des nouvelles conditions économiques du travail survenues à la fin du xviiie siècle, comme conséquence de l'entrée en jeu des grands capitaux et de la fondation d'immenses fabriques où s'agglomérèrent des milliers d'ouvriers, ceux-ci durent perdre l'espoir, — qu'auparavant ils pouvaient tous individuellement caresser, — de devenir à leur tour petits patrons dans un modeste métier. Le divorce des travailleurs avec la propriété de l'instrument de production était consommé. Il leur fallut se résoudre à la condition définitive de salariés avec l'espoir à jamais disparu d'en sortir un jour. Ils se considérèrent comme formant désormais une classe à part en face des patrons. Ils avaient un salaire à défendre et des droits à sauvegarder vis-à-vis d'un employeur qui, malgré toute sa bonne volonté, le cas échéant, était bien obligé de se soumettre aux lois de la concurrence et devait avoir, entre autres objectifs, celui d'économiser sur la main-d'œuvre comme sur le reste. De là est née la crise ouvrière moderne, la forme la plus aiguë de la question sociale.

Il y a une certaine similitude entre les débuts du Trade Unionisme anglais et ceux de nos syndicats ouvriers d'aujourd'hui. Il y a l'analogie de la période révolutionnaire de l'enfantement. Seulement, heureusement pour les Anglais, il y a plus de soixante ans qu'ils ont traversé le stade que nous parcourons actuellement en France. Avant 1840 environ, ce sont chez eux grèves et luttes sans merci, associations bruyantes et violations de la liberté du travail, efforts dans le Parlement pour faire entendre la voix des travailleurs ou violences dans la rue pour affirmer leurs volontés. Puis, peu à peu, l'esprit s'assagit et se mesure. De 1843 à 1860, sous l'influence d'une législation plus bienveillante, se créent les grandes sociétés amalgamées d'ouvriers qualifiés avec leur administration centralisée, leurs caisses de secours mutuels et la substitution de la diplomatie industrielle à la guerre de classes. Dès 1845, beaucoup de comités exécutifs commencèrent à détourner des grèves le monde des travailleurs et il fut résolu qu'on ne les entreprendrait plus à la légère.

De la force des événements résulte ce fait que seules les Trade Unions qui demandent à leurs membres de fortes cotisations survivent en définitive à la crise. C'est une élite ouvrière qui vient grossir les rangs des syndicats, et semble apercevoir dans l'association autre chose qu'un procédé de lutte ou de transformation économique ; c'est la partie sage et saine de la population ouvrière qui cherche dans le groupement professionnel un

moyen de relèvement social par une séries d'améliorations progressives. Aussi, dès cette époque,
plusieurs unions tirent-elles leur origine de sociè-
tès locales d'assistance et de prévoyance. N'allez
pas parler aux ouvriers anglais, dans la deuxième
moitié du XIXᵉ siècle, de grève générale, de nationalisation du sol, de révolution sociale ou du
grand soir. Ils souriront d'un air sceptique. Leurs
ambitions sont plus modestes; les congrès ouvriers en font foi. En 1876, à la suite d'une lutte
qui durait depuis 1867, est votée une législation
équitable sur le marchandage collectif. C'est une
victoire d'ordre pratique. Les Trade Unions ne
s'arrêtent pas d'ailleurs à ce qu'elles ne peuvent
atteindre immédiatement. Leurs revendications se
limitent aux choses possibles, aux réalités, et leur
programme est contenu dans quelques articles
clairs et précis : augmentation des salaires, réduction des heures de travail, établissement des
pensions pour la vieillesse, développement de la
réglementation sanitaire et de la législation industrielle, assurance contre l'invalidité, la vieillesse
et le chômage.

Alors s'étendent et prospèrent les importantes
unions des ouvriers du bâtiment, des dockers dans
les ports, des mineurs, des mécaniciens. Mais
aussi ce ne sont pas à des cotisations fictives et
existant seulement sur le papier que sont soumis
leurs différents membres. Dans les syndicats bien
constitués chaque ouvrier paie d'une façon effec-··
tive au moins 1 fr. 25 par semaine, c'est-à-dire
65 francs par an. On comprend que dans ces
conditions il soit possible d'alimenter ces grèves

de plusieurs mois dont il nous arrive de temps en temps l'écho.

Combien y a-t-il d'ouvriers anglais syndiqués? En 1900, on comptait 1.905.116 membres dans les *Trade Unions*, soit environ le quart des travailleurs, et le mouvement va s'accentuant puisqu'il fait ressortir dans ces cinq dernières années une augmentation de 100.000 par an. A la clôture de l'exercice de 1900, on mentionnait un budget de 94 millions pour ces associations.

En ce moment, une importante question préoccupe le monde du travail dans le Royaume-Uni, celle de la responsabilité collective des syndicats. Elle provient d'une série de jugements récemment rendus par les tribunaux et parmi lesquels il faut citer celui qui concerne la grève des ouvriers du chemin de fer de Taff Vale.

En août 1900, ceux-ci, au nombre de 1.300, tous membres de la *Railway servants Union*, s'étaient mis en grève par solidarité avec un camarade que la Compagnie voulait déplacer. Ils obtinrent l'appui du puissant syndicat auquel ils appartenaient, et celui-ci fit faire des patrouilles sur la ligne du chemin de fer pour assurer la cessation du travail. Mais la Compagnie attaqua en paiement de dommages-intérêts le syndicat. Celui-ci fut condamné. Les frais et amendes montèrent à plusieurs centaines de mille francs. Nous ne connaissons pas le détail des arguments présentés par les deux parties. Nous savons seulement que le secrétaire général de l'Union a saisi cette occasion pour blâmer en termes énergiques la conduite des comités locaux du syndicat qui, en cette circonstance, s'étaient laissé mener par des hâbleurs au lieu de suivre les conseils de gens sages et expérimentés.

Voilà un exemple de l'avantage que les employeurs ont à avoir en face d'eux un syndicat fortement constitué et offrant des garanties. Ils auront prise sur lui en cas de manquement au contrat, tandis que la sanction reste nulle dans le cas d'une association chétive et insolvable. Il est bien entendu, d'ailleurs, qu'il y a une limite aux droits du patron et que celui-ci ne sera recevable dans ses poursuites que si lui-même a pris à l'égard de ses ouvriers des engagements précis et définis leur assurant des conditions normales d'existence. Cette considération nous rappelle à la nécessité concomitante de toute organisation syndicale, de déterminer les bases sur lesquelles doit reposer le contrat collectif.

Un second fait qui vient de se passer dans le même pays est également instructif. Un syndicat de mineurs de Denaby (Yorkshire) avait distribué à des grévistes des ressources destinées « aux ouvriers renvoyés par leurs patrons ». Il a été attaqué de ce fait par un de ses membres qui a eu gain de cause devant les tribunaux. C'est un pendant de l'affaire de Taff Vale.

Ajoutons qu'en Angleterre, grâce à l'organisation de comités mixtes, il est possible aux délégués des Unions de patrons et d'ouvriers de discuter à l'amiable, et dans des conditions d'égalité relative, les taux des salaires et les conditions du contrat de louage d'ouvrage qui reste un contrat libre.

Nous venons de nous occuper uniquement de l'ancien *Trade Unionisme* anglais, système qui excitait l'admiration du Comte de Paris et qui lui a inspiré des pages si instructives[1]. Mais depuis quelques années, il est battu en brèche par ce qu'on appelle le *Neo Trade Unionisme*. Celui-ci est caractérisé par l'absence d'institutions de prévoyance, par l'abaissement du taux des cotisations, et tend à faciliter l'entrée des groupements à un plus grand nombre d'ouvriers. Pour le parti indépendant du travail — c'est le nom des tenants de ce nouveau mouvement — les anciennes Unions sont trop fermées, malgré le nombre cependant considérable de travailleurs qu'elles renferment. En somme, oserait-on le dire ? c'est une aristocratie, et il convient de démocratiser l'institution.

Dans les nouvelles Unions, composées d'ailleurs d'ouvriers de catégories moins relevées, de manœuvres, de portefaix, d'employés des transports, par exemple, il n'est pas possible d'obtenir des cotisations importantes. Le peu d'argent qu'on obtient de leurs membres sert à alimenter la caisse des grèves. C'est dans ce dernier type d'association que le collectivisme international cherche à recruter des adeptes.

C'est la caractéristique des hommes d'État anglo-saxons de se mettre toujours en face de la réalité des faits et de rejeter de prime abord les théories abstraites et absolues ; aussi se sont-ils résolus depuis longtemps à s'occuper de la masse

---

1. *Les Associations ouvrières en Angleterre*, par M. le comte de Paris. De 1864 à 1869 le livre eut cinq éditions.

miséreuse ne pouvant jouir des avantages des riches syndicats libres que sont les anciennes *Trade Unions*. Par une pente insensible l'État a dû se décider à intervenir, et il a été contraint par la force des choses à étendre, au moyen de dispositions législatives, à la masse des ouvriers les avantages obtenus par une élite.

Ainsi, de concert avec le Parlement, le Gouvernement anglais a progressivement limité à cinquante-six heures par semaine le travail des adultes. Il a rendu obligatoire le repos du dimanche, réglementé le travail des femmes et des enfants, fixé un salaire minimum dans les travaux exécutés pour le compte de l'État, des villes et des administrations publiques, organisé l'inspection du travail et l'inspection des usines. Enfin, en 1897, une loi sur les accidents du travail a mis à la charge du patron la réparation du risque professionnel.

On serait mal venu d'accuser la libre Angleterre de faire du socialisme d'État, mais enfin les tendances de sa nouvelle législation ouvrière sont assez intéressantes à noter quand on songe qu'une loi, actuellement en préparation au Parlement anglais sur les caisses de retraite et de maladie, va rendre obligatoire, dans une certaine mesure, le concours des patrons et débarrassera ainsi les Unions d'une de leurs plus lourdes charges.

De l'étude du mouvement social anglais, nous pouvons dégager un large enseignement, — ce peuple ayant sur nous l'avantage d'avoir derrière lui soixante ans de régime corporatif organisé dans la classe prolétarienne, tandis qu'en France nous ne sommes pas encore à vingt ans de notre loi sur les syndicats professionnels. Ce qu'il est intéressant de noter dans le mouvement anglais, c'est la combinaison de l'association libre — à laquelle participe l'élite ouvrière, sorte de quatrième état — avec l'action des pouvoirs publics qui sont amenés par la force des choses à intervenir dans les affaires des masses populaires. Celles-ci, moins avancées que l'élite dans la voie du progrès, forment par extension un cinquième état dont l'existence est indéniable et dont il faut bien se résoudre à s'occuper. Cette catégorie, qui n'est ni assez instruite, ni assez moralisée, ni assez fortunée pour constituer des associations libres, se compose de masses faméliques, gagnant leur pain au jour le jour, troupes inorganisées et inorganisables, si elles ne doivent compter que sur elles-mêmes ; or, il appartient à l'État, par un devoir d'humanité et de justice sociale, de les prendre en quelque manière en tutelle pour les conduire à un sort meilleur. Mais la leçon est d'autant plus précieuse, si l'on s'avise de qualifier ces mesures de socialisme d'État, que l'exemple d'une législation ouvrière complète, prévoyant les modalités des organisations dans leurs moindres détails, nous vient du pays classique de l'association libre[1].

1. Sur l'évolution récente du Trade Unionisme et sur les attaques dont il a été l'objet dans ces derniers temps, consulter *la Crise du Trade Unionisme* par MM. Alfassa et Mautoux, Paris, Rousseau, 1903. Cf. également *le Trade Unionisme en Angleterre*, par Paul de Rousiers, Paris, Colin, 1897.

CHAPITRE IV

LES SYNDICATS OUVRIERS EN FRANCE. — LEUR MANQUE D'ORGANISATION. — LES CONGRÈS SOCIALISTES

Si d'Angleterre nous passons en France, la situation change. Nous ne sommes, hélas! dans notre pays, qu'à l'ébauche d'un système. Qu'avons-nous fondé de sérieux, de stable, de permanent, depuis la loi de 1884? D'après l'*Annuaire des syndicats professionnels* (1903, Ministère du commerce, Direction du travail), nous notons le mouvement suivant dans les syndicats professionnels ouvriers :

        en 1901 : 3.287 syndicats
           1902 : 3.679   —
           1903 : 3.934   —

Il y a donc une augmentation graduelle à signaler. De même dans le nombre des ouvriers :

        en 1901 : 588.832 ouvriers syndiqués
           1902 : 614.173   —
           1903 : 643.757   —

Le nombre des unions de syndicats était :

        en 1901 de 95
           1902   120
           1903   138

Au point de vue des professions les syndicats et les syndiqués se répartissent ainsi :

	SYNDICATS	SYNDIQUÉS
Agriculture, forêts, pêche, élevage [1].	145	15.593
Mines.	69	68.900
Carrières.	19	4.590
Alimentation.	289	40.611
Produits chimiques.	96	15.071
Papiers et industries polygraphiques.	207	21.391
Cuirs et peaux.	232	22.170
Industries textiles.	285	50.601
Travail des étoffes.	222	23.945
Industries du bois.	261	19.015
Travail des métaux.	427	87.692
Travail des terres et pierres.	100	12.239
Bâtiment, construction.	740	58.779
Transport et manutention	584	176.356
Soins personnels et domestiques.	56	9.979

Quelle est maintenant la proportion des syndiqués par rapport à la population ouvrière dans chaque groupe?

	POUR 100
Agriculture, forêts, pêche, élevage.	0,46
Mines.	44,28
Carrières.	8,25
Alimentation.	6,72
Produits chimiques.	14,22
Papiers, industries polygraphiques.	17,71
Cuirs et peaux.	13,12
Industries textiles.	9,36
Travail des étoffes.	5,48
Industries du bois.	8,45

1. Dans cette statistique ne sont pas compris les syndicats agricoles proprement dits qui sont des syndicats mixtes.

POUR 100

Travail des métaux.	17,84
Travail de terres et pierres.	8,40
Bâtiments, construction.	11,29
Transports et marchandises.	11,40
Soins personnels et domestiques.	1,25

Il s'est donc déjà créé une certaine quantité de syndicats, bien qu'elle soit encore particulièrement faible dans beaucoup de professions et l'on peut d'une façon générale évaluer à 10 0/0 le nombre des syndiqués dans la population totale des ouvriers et employés de l'industrie et du commerce. En Angleterre le nombre des ouvriers affiliés aux Trade Unions varie de 30 à 50 0/0 suivant les auteurs. Aux Etats-Unis il serait de 30 0/0 et en Allemagne de 17 0/0.

Observons toutefois qu'en France la loi est relativement récente, et que cependant elle n'a pas tardé à porter des fruits. Mais quelle est la qualité de ces syndicats? Comment, parmi eux, démêler notamment ceux, dont les membres paient régulièrement leurs cotisations, qui vivent d'une existence propre et qui ne sont pas ceux que l'on a appelés avec juste raison les syndicats champignons[1] nés au hasard d'une grève, à cotisations pratiquement fictives et qui sont destinés à survivre quelques mois à peine à la grève qui les a enfantés? Quelles sont parmi ces associations celles qui, profitant des avantages de la loi, ont organisé dans leur sein les institutions autorisées

---

[1]. Cf. *le Contrat de travail. Le rôle des syndicats professionnels*, par Paul Bureau, Paris, Alcan, 1902.

par cette dernière, c'est-à-dire des caisses spéciales de secours mutuels et de retraites, des cours d'instruction professionnelle, des offices de renseignements pour les offres et demandes de travail, pour la solution des affaires contentieuses?

L'*Annuaire de* 1903 nous fournit à cet égard quelques indications.

Ainsi il a été créé :

	PAR LES SYNDICATS	PAR LES UNIONS DE SYNDICATS
Bureaux ou offices de placements. .	1.017	73
Bibliothèques professionnelles. . . .	732	56
Caisses de secours mutuels.	321	7
Secours divers	352	8
Caisse de chômage.	602	11
Secours de route	589	13
Cours et écoles professionnels, conférences.	428	32
Laboratoires d'analyses.	3	»
Caisses de retraites.	73	»
Caisses de crédit mutuel.	45	»
Sociétés d'assurances contre les accidents	27	»
Sociétés coopératives de consommation	42	»
Sociétés coopératives de production.	27	»
Concours professionnels et expositions.	65	»
Publications diverses (journal-annuaire)	129	42

Quelque intéressantes que soient ces tentatives d'organisation intérieure dans les syndicats, elles sont encore trop peu généralisées pour permettre de porter un jugement définitif sur l'avenir réservé aux syndicats ouvriers en France : « Les syndicats français, dit M. de Seilhac [1], l'un de ceux qui ont le mieux étudié cette question, ne sont jusqu'ici, à part de très rares exceptions, que des syndicats de façade, des syndicats-couloirs, où l'on entre au moment d'une grève, d'où l'on sort immédiatement après. Pourquoi, parce que le syndicat ne donne aucun avantage réel, sauf au moment d'une grève, où il se transforme en frère-quêteur, pour récolter des souscriptions et les répartir entre les chômeurs. Par ses ressources propres il ne peut rien. Et la raison en est simple, c'est que les cotisations syndicales sont trop minimes, et que ces cotisations ne sont même pas payées. »

Il est fort à craindre, on peut d'ailleurs en avoir pour garant une proposition de loi signée des citoyens Vaillant, Dejeante et de quelques autres de leurs amis, proposition sur laquelle il y aura lieu de revenir, qu'une notable partie des syndicats ouvriers actuels n'aient qu'un but exclusivement révolutionnaire et bien éloigné des revendications pratiques des Trade Unions anglaises.

Pour nous renseigner à cet égard, nous avons un document précieux, c'est le *Compte rendu annuel des Congrès nationaux corporatifs*, où se font représenter jusqu'à présent la majorité des syndicats socialistes.

Le Congrès de 1902, tenu à Montpellier du 22 au 26 septembre [2], succédait de quelques jours seulement au Congrès des Bourses du travail qui

---

1. *Les Syndicats-couloirs*, par Léon de Seilhac. Association catholique du 15 février 1904.

2. *Le XIIIe Congrès corporatif de Montpellier*, par Charles Rist, annexe du *Musée social*, janvier 1903.

venait d'avoir lieu à Alger, et auquel une partie des délégués avait assisté. La question principale qui y fut traitée fut celle de la fusion de toutes les forces syndicales ouvrières du pays et des bourses du travail en une seule organisation : la Confédération générale du travail. Il s'agissait, en un mot, de créer l'unité ouvrière socialiste dans le pays. A ce propos éclatèrent fréquemment les divergences de vues qui existent entre les deux grandes fractions se partageant actuellement les ouvriers socialistes en France : d'un côté, les révolutionnaires, c'est-à-dire les libertaires, avec quelques guesdistes et blanquistes, dont l'organe est le journal *la Voix du peuple* ; ceux-ci repoussent tout rapprochement, même temporaire, avec les pouvoirs bourgeois ; — d'un autre côté, les réformistes, qui sont les opportunistes du parti. Ces derniers admettent parfaitement les ententes et compromis avec la classe capitaliste, et prétendent devoir se contenter d'arracher peu à peu les réformes capables d'améliorer progressivement le sort des travailleurs, en attendant le jour, encore trop éloigné, de leur affranchissement définitif[1].

Le parti socialiste réformiste, par suite d'une de ces conséquences inattendues, mais fréquentes dans l'histoire, venait en effet d'être redevable de son épanouissement à un événement qui n'aurait pas dû, à première vue, être intimement lié à la vie socialiste. L'affaire Dreyfus, en amenant la formation du bloc radical socialiste, a eu un profond retentissement sur l'esprit et la conduite du parti socia-

1. Cf. la brochure de M. Millerand, *le Socialisme réformiste français.* Paris, 1903.

liste. Au point de vue qui nous occupe, deux faits ont caractérisé la situation d'alors : 1° le cas Millerand, c'est-à-dire l'entrée d'un socialiste dans un ministère bourgeois; 2° l'introduction, dans le parti socialiste, d'un grand nombre d'intellectuels d'origine bourgeoise qui ont profondément modifié la physionomie d'une collectivité composée jusqu'alors presque exclusivement de travailleurs.

Il serait trop long d'entrer dans le détail des luttes intestines qui sont le lot habituel de tous les Congrès socialistes où les questions de personnes tiennent souvent un rang prépondérant. Si les réformistes n'ont pas eu la majorité au Congrès de 1902 et dans d'autres qui ont suivi, c'est toutefois parmi eux que l'on trouve les habiles et les gens pratiques et, en réalité, les hommes d'Etat du parti. Mais ceux-ci, au zèle émoussé par l'habitude des combinaisons et des compromis parlementaires, inspirent facilement la défiance dans certains milieux prolétariens. Sur une décision du Congrès de Montpellier on proclama, sur le papier du moins, l'unification des forces ouvrières en France, sous la direction d'un Comité confédéral. La prétention est légèrement ambitieuse, car le Congrès était composé de délégués représentant peut-être la majorité des syndicats collectivistes, mais nullement, en tous cas, la majorité des travailleurs français de l'industrie, et il en est ainsi de la plupart de ces Congrès, autour desquels on fait souvent une réclame facilement exagérée. Voici ce qu'écrit, à propos de l'un d'eux, M. Barthou, dans son rapport du 28 décembre 1903 sur la proposition de loi tendant à modifier la loi de 1884 sur les syndicats professionnels :

Les syndicats étaient admis au congrès général socialiste de Paris en 1899, sous la seule réserve « qu'ils souscriraient, par avance et par écrit, aux principes essentiels du socialisme ». Ces principes étaient : « Entente et action internationales des travailleurs, organisation politique et économique du prolétariat en parti de classe pour la conquête du pouvoir et la socialisation des moyens de production et d'échange, c'est-à-dire la transformation de la société capitaliste en une société collectiviste ou communiste. »

J'ai relevé, un à un, dans le *Compte rendu officiel du Congrès*, les syndicats représentés; j'ai retenu tous ceux qui, ayant une existence régulière et légale, figuraient, pour cette année 1899, au 1er janvier, dans l'*Annuaire des syndicats professionnels* publié par l'Office du travail. Voici les résultats que l'on constate.

Le congrès comprenait 252 syndicats représentant 51.712 membres, en admettant, bien entendu, que les secrétaires de ces syndicats ne se fussent pas délégués eux-mêmes, comme il est arrivé pour plus d'un, et qu'ils fussent vraiment les représentants et les interprètes autorisés des syndicats.

Ainsi, 252 syndicats étaient représentés par rapport à 2.302 syndicats ouvriers, soit un peu plus d'un dixième. Ils comprenaient 51.712 membres, par rapport à 410.761 membres dont se composait à cette époque l'ensemble des syndicats ouvriers, soit environ le huitième.

Dans les Congrès socialistes il est une question qui semble toujours tenir fortement au cœur des délégués, c'est celle de la grève générale. Le mirage de cette solution magique paraît hanter, sans les lasser, ces cerveaux aux promptes imaginations, et il leur paraît toujours que le triomphe doive en être le point de départ d'une transformation subite de la société. Le principe de la grève générale n'est presque plus, en effet, contesté par le parti, et au Congrès de Montpellier, en 1902, ce fut à l'unanimité moins trois voix qu'il fut adopté.

Dans la décision suivante, le Congrès national du Parti ouvrier socialiste révolutionnaire, tenu à Paris, en juin 1891, avait défini de façon caractéristique cette tendance du parti :

Considérant que... « Outre les faits isolés de grèves qui se produisent continuellement, il est nécessaire d'envisager l'éventualité d'une immense levée de travailleurs qui, par la grève générale nationale et internationale, donneront une sanction aux grèves partielles et affirmeront ainsi plus énergiquement leurs droits à la vie ; que cette grève générale doit être subordonnée à un mouvement syndical accentué qui, donnant le dénombrement de nos forces, nous permettra d'escompter la victoire ;

Pour ces motifs, le congrès décide :

1° Les groupements syndicaux et politiques doivent être favorisés par une active propagande ;

2° Les groupements, une fois généralisés dans une entente commune, la grève générale, nationale et internationale, doit être décrétée, et elle pourra peut-être précipiter le dénouement par la révolution sociale, but de nos efforts. »

Toute une littérature collectiviste s'est occupée des mesures à prendre au lendemain de la révolution sociale, de la main-mise de l'État sur la propriété privée, dans le cas où, d'un jour à l'autre, cette éventualité viendrait à se présenter. Mais ce sont les impatients que ce point intéresse, ceux qui sautent à pieds joints sur les évolutions successives pour arriver de suite au grand soir.

Les réformistes, les socialistes parlementaires, les sages, en parlent de moins en moins.

Cette tendance à la politique et à l'action révolutionnaire qui caractérise la majorité des syndicats socialistes, et qui remet la direction du parti aux agitateurs, semble être le point faible et le dissolvant naturel de ces associations. Dans ces conditions le syndicat n'est plus qu'un organisme de lutte et de combat, fréquemment éphémère, comme toute organisation ne trouvant son plein développement qu'aux époques de crise et livrée à la merci des réactions contraires ou divergentes.

Tel est donc l'état d'esprit des syndicats socialistes que nous avons pu étudier dans leurs récentes manifestations. Hâtons-nous d'affirmer qu'en réalité l'immense majorité de la masse ouvrière reste à organiser, et d'ailleurs il est déjà d'autres syndicats qui se créent à côté des groupements socialistes et qui en semblent le contre-poids nécessaire.

Porter un jugement d'ensemble sur ces syndicats ouvriers non socialistes, dont la plupart sont de date récente, nous paraît malaisé, et nous risquerions de nous tromper, car les tendances nous en semblent encore confuses. Contentons-nous d'émettre à leur sujet un vœu, c'est que ces associations restent avant tout professionnelles et uniquement professionnelles. Qu'elles soient composées exclusivement d'ouvriers agissant dans la pleine étendue de leurs droits et de leur conscience. Qu'en face des syndicats socialistes il leur appartienne d'affirmer à un degré égal, sinon supérieur, et sans crainte d'être démenties leur complète indépendance de vie et de décisions. Qu'on ne puisse jamais les soupçonner de faire le jeu de combinaisons que l'on n'ose étaler au grand jour. Que, s'occupant uniquement de choses de la profession, ces syndicats bannissent toute discussion politique. Au point de vue religieux enfin, ils doivent imiter l'exemple des syndicats anglais, dont l'accès est ouvert à tous, sans distinctions confessionnelles, pourvu que leurs membres apportent les uns vis-à-vis des autres un esprit de tolérance réciproque. Ce sera le moyen de n'exclure le concours de personne, l'œuvre étant difficile à mener à bien et n'ayant pas trop de l'aide de toutes les bonnes volontés.

CHAPITRE V

PROPOSITION DE LOI LEMIRE
LA REPRÉSENTATION PROFESSIONNELLE

Nous avons maintenant une idée du mouvement professionnel ouvrier en France, mais avant d'aborder la question des syndicats de petits industriels et commerçants et des syndicats agricoles, il nous semble indispensable, pour pouvoir continuer avec fruit cette étude, de pénétrer pour ainsi dire dans le corps de l'institution syndicale et de dire un mot de la législation intérieure qui la régit.

On sait qu'aux termes de la loi de 1884, des syndicats ou associations professionnelles de plus de 20 personnes peuvent se constituer librement, sans l'autorisation du Gouvernement. Ils doivent avoir exclusivement pour objet l'étude et la défense des intérêts économiques, industriels, commerciaux et agricoles.

Ces syndicats ont le droit d'ester en justice ; ils peuvent employer les sommes provenant des cotisations de leurs membres. Mais leur personnalité civile est restreinte. Il leur est interdit d'acquérir d'autres immeubles que ceux qui sont nécessaires à leurs réunions, à leurs bibliothèques et à des cours d'instruction professionnelle. Ils peuvent créer des caisses de secours et des offices de placement.

En somme, cette loi, malgré son importance, ne saurait être considérée comme un élément définitif d'organisation professionnelle dans notre pays. C'est pourquoi, dès 1886, une série de propositions ayant pour but d'étendre les attributions des syndicats se sont succédé au parlement, portant les noms de membres des partis les plus opposés.

Plusieurs concluent à la nécessité d'étendre dans une large mesure la faculté de posséder donnée aux syndicats, car une association de ce genre possédant et accroissant un patrimoine, ce n'est plus le syndicat révolutionnaire, c'est un groupement responsable qui a des intérêts à sauvegarder, qui ne s'engagera pas à la légère dans la lutte contre le patronat et qui n'arborera jamais que des revendications fondées.

Mais, entre ces diverses propositions, le projet Lemire, du 3 juillet 1902, définit d'une façon particulièrement nette quel doit être le rôle du syndicat professionnel : il est d'ailleurs entendu qu'il s'agit aussi bien des syndicats patronaux d'industriels et de commerçants, et des syndicats agricoles, que des syndicats ouvriers, car le but doit être de trouver un texte de loi assez large pour convenir à tous ceux qui vivent en travaillant, c'est-à-dire exercent une profession. « L'objectif que l'on vise, dit M. l'abbé Lemire, est donc : 1° Le prompt développement des syndicats en tant qu'organes de représentation publique et de protection collective avec des attributions spéciales très étendues ; 2° le développement progressif d'institutions économiques, instruments de transformation annexés aux syndicats. »

Au sujet du premier objet à atteindre, qui ne saurait être frappé de ce phénomène anormal, je dirai même monstrueux, d'une nation composée d'agriculteurs, d'industriels et de négociants, et qui se trouve livrée aux fantaisies législatives de personnes qui, la plupart du temps, ne sont ni agriculteurs, ni industriels, ni négociants, mais adonnés aux professions libérales ou uniquement politiciens? ce qui, on le sait, est une profession spéciale, distincte des autres.

Voilà assurément la cause du grand malaise dont nous souffrons actuellement en France. Quand il s'agit de confectionner des lois, on se garderait bien de consulter, je ne dirai pas les gens compétents, — cela arrive quelquefois — mais les intéressés eux-mêmes, c'est-à dire ceux auxquels la loi va s'appliquer et qui, semble-t-il, auraient bien le droit de donner leur avis. Quel est le projet de loi touchant à l'industrie, au commerce ou à l'agriculture et au sujet duquel on ait interrogé les industriels, les négociants et les agriculteurs visés par ce même projet? Une fois cependant, en 1902, à propos des retraites pour la vieillesse, sur la proposition de M. de Gailhard-Bancel, on s'est décidé, avant de passer au vote, à demander aux intéressés si réellement ils avaient envie de ces retraites, et l'on a consulté les syndicats professionnels divers, ouvriers et agricoles, sans oublier les syndicats patronaux visés également dans le projet par la question pécuniaire. Mais c'est là un fait isolé et cependant est-il mesure plus essentiellement démocratique que ce referendum limité au strict nécessaire?

Est-il procédé plus ingénieux pour introduire réflexion et sécurité dans des délibérations publiques, moyen plus capable, dans les cas graves, d'éviter les déterminations hâtives et précipitées, de réfréner les majorités impressionnables et incompétentes? Mais peut-être est-ce avec intention que les politiciens et les partisans du pouvoir personnel ou jacobin, ce qui est la même chose, préfèrent ne pas s'embarrasser d'avis qui risqueraient de les gêner !

Si, dans l'état actuel des choses, nous demandons que le premier but des syndicats soit d'être un organe de représentation pour la profession, si nous estimons qu'à ces groupements doive être dévolu un rôle consultatif avant l'élaboration des lois, il est bien entendu que nous ne réclamons ici qu'un minimum d'attributions à cet égard. Nous ne visons que le résultat possible à atteindre et facilement réalisable dans l'état actuel de l'opinion publique. Il en est, dans cet ordre d'idées, qui vont bien plus loin que nous. Je n'en veux pour preuve que ce passage tiré de l'exposé des motifs de M. Lemire, placé en tête de sa proposition de loi du 3 juillet dernier tendant à compléter et à modifier la loi du 21 mars 1884 sur les syndicats professionnels.

Après avoir posé en principe que les syndicats doivent être un organe de représentation

publique et de protection collective tant pour
les patrons que pour les ouvriers, il ajoute :

En tant qu'organes de représentation, les syndicats n'ont
eu jusqu'ici qu'une importance fort secondaire et qui ne
suffit point à les faire apprécier par le monde du travail,
et il en sera ainsi tant que la représentation professionnelle ne sera pas organisée, c'est-à-dire aussi longtemps
qu'elle ne sera pas effective, obligatoire et complète.

Il faudra pour cela que chaque travailleur appartienne à
sa profession par une sorte d'état civil public, par une
sorte d'enregistrement; il faudra que la profession ait le
droit d'être légalement consultée sur les questions d'ordre
administratif ou législatif qui l'intéressent, et que, suivant
les cas, cette consultation ait lieu par le vote des bureaux
syndicaux de la profession, ou par la voie du referendum
à tous les travailleurs professionnels; il faudra, en outre,
que les syndicats concourent et concourent seuls à la
nomination d'assemblées appelées corps de métier ou
chambres de travail ou assemblées professionnelles comme
l'on voudra, peu importe le nom, puisque la chose consiste
à s'occuper des intérêts professionnels de tous les travailleurs. Et alors les chambres de commerce, les chambres
d'officiers ministériels, les conseils de l'instruction publique ne seront plus de mesquines et de maladroites
exceptions, fonctionnant mal et restant impopulaires
comme des choses boiteuses et mal assises; mais, tout
homme, toute femme, tout Français travaillant sur la terre
de France aura une représentation de ses légitimes intérêts, et cette représentation ira de l'infime groupement
dont il fait partie, de l'humble sphère, modeste atelier ou
pauvre champ, où se meut son existence, jusqu'au conseil
de la profession; et de là, par plus ou moins d'échelons,
jusqu'au suprême conseil où s'assiéront ses mandataires
et qui sera le Sénat de l'avenir, véritable chambre haute,
seule digne d'une démocratie, composée des illustrations,
des lumières et des gloires de toutes les professions. Ce
jour-là il ne faudra plus se plaindre que d'être syndiqué
cela ne sert de rien, et n'aboutit tout au plus qu'à quelques

vœux platoniques qui se perdent dans le brouhaha de la presse, qu'à quelques pétitions qui s'entassent inutiles et dédaignées dans les cartons du Parlement. Ce n'est que lorsqu'une institution a sa base dans le peuple et son couronnement dans l'autorité publique et officielle, qu'elle est complète, qu'elle est viable et qu'elle est vraiment utile.

Une fois, cette idée fut émise devant la Chambre des députés, mais elle le fut prématurément et la voix qui parlait fut la voix qui crie dans le désert.

C'était le 16 novembre 1896. On discutait à la Chambre un projet de loi concernant les élections sénatoriales. L'abbé Lemire exposa un contre-projet tendant à organiser la représentation professionnelle en faisant élire les sénateurs non plus par les conseillers municipaux, mais par les délégués de toutes les professions, agricoles, industrielles, commerciales, libérales et administratives.

Ce contre-projet ne fut pas pris en considération, mais le lendemain il avait l'appui inattendu et tardif, mais tout à fait important, de M. Deschanel, le futur président de la Chambre.

La représentation publique des professions sous une forme ou sous une autre est une idée qui fait tout doucement son chemin, qui s'autorise déjà de l'appui d'hommes jouissant d'une importante notoriété[1] et qui mûrira peu à peu comme toute idée juste. Depuis trop longtemps, en France, on ne tient compte pour la nomination des corps élus que de circonscriptions administratives tracées arbitrairement, sans s'occuper des besoins particuliers de chacun, sans songer que les catégories les plus diverses de citoyens sont mélangées

---

1. Voir notamment à ce sujet : « *la Crise de l'État moderne. De l'organisation du suffrage universel*, par Charles Benoist. 1 vol. in.-8°, Paris, Didot. — Cf. également : *De la division du travail social*, avec une préface sur les groupements professionnels, par Émile Durkheim, Paris, Alcan, 1902.

ensemble, qu'au lieu de revendications précises et définies il ne saurait sortir de l'expression de ces volontés collectives qu'un véritable chaos. Si l'on arrivait à l'organisation professionnelle des individus, qui se lie intimement au développement syndical, on obtiendrait ce résultat digne d'une démocratie ordonnée et si bien défini par Henri Lorin[1]. « On connaîtrait les besoins et les ressources du monde du travail, on saurait ce que veulent vraiment ouvriers et patrons. La logique ferait son œuvre et le principe proclamé dans la loi que l'ouvrier n'est pas un instrument qu'un maître a le droit d'exploiter à la mesure de son pouvoir, mais un collaborateur avec lequel un chef a le devoir de traiter suivant les exigences de la justice, aurait son contre-coup dans les mœurs. Un premier pas serait fait dans le sens de l'évolution de l'avenir.

« Jusqu'ici, dans notre pays, l'organisation politique ne tient compte que d'où sont les gens, l'organisation économique de ce qu'ils ont ; le temps doit venir où celle-ci aura pour base et celle-là pour ressort important ce qu'ils font. »

1. *Étude sur les principes de l'organisation professionnelle*, par Henri Lorin. Association catholique, 1892.

CHAPITRE VI

PROPOSITIONS DE LOI MILLERAND ET BARTHOU
CAPACITÉ COMMERCIALE DES SYNDICATS

Nous ne pouvons qu'effleurer en passant cette question de la représentation professionnelle qui consisterait soit à organiser la consultation obligatoire des intéressés par les pouvoirs publics, en se servant notamment de l'organe des associations, soit à placer dans les assemblées délibérantes des membres élus par les diverses professions. Indiquons seulement les quelques idées qui précèdent sans entrer dans les détails d'application que comporte une pareille matière et passons au second but que doivent poursuivre les syndicats considérés comme organes d'amélioration économique et sociale.

Ce qu'il y a de plus instructif à cet égard est assurément l'étude du rapport fait par M. Barthou au nom de la Commission du travail, chargée d'examiner les propositions de loi Lemire, Dejeante, Millerand et Vaillant, propositions tendant à modifier la loi du 21 mars 1884 sur les syndicats professionnels. Ce rapport, travail d'ensemble le plus complet et le mieux documenté que possèdent sur ce sujet nos archives parlementaires, servira vraisemblablement de base à la prochaine discussion des Chambres [1].

On y trouve caractérisées de la façon suivante les deux tendances qui ont, dans tous les pays, inspiré et divisé les unions professionnelles. « Les unes poursuivent le double objet : 1° de défendre ou d'améliorer les conditions professionnelles (salaires, heures de travail, hygiène) et 2° de développer les institutions d'assistance et de prévoyance. Les autres se préoccupent surtout de la lutte des classes, du conflit entre le capital et le travail, et relèguent au deuxième plan — si tout à fait ils ne les dédaignent — l'assistance et la prévoyance. »

L'analyse complète du rapport de M. Barthou serait, à elle seule, un travail considérable. Nous ne pouvons que renvoyer le lecteur à ce document dont les conclusions, si elles sont adoptées, marqueront un pas assurément décisif dans la voie de l'organisation professionnelle. Il est un point toutefois sur lequel il convient d'insister, c'est la reprise, dans les termes mêmes où il avait été rédigé, de l'article 6 du projet Millerand, qui accorde aux syndicats professionnels le droit de faire des actes de commerce.

Ces mesures ont d'ailleurs souvent fait partie du programme d'hommes appartenant aux partis modérés, et on se demande si ce n'est pas le châtiment de M. Millerand de se rencontrer aujour-

---

1. M. Barthou, ayant reproché fort injustement d'ailleurs aux démocrates chrétiens d'être partisans du syndicat obligatoire, du syndicat mixte et de la corporation comprise à la façon d'autrefois, s'est attiré de M. Bazire une réponse parue dans la *Revue de la jeunesse catholique* et dans l'*Association catholique* du 15 mars 1904, p. 350.

d'hui avec le *Journal des Débats* où on lisait à propos de son projet : « En tous cas, ces mesures (personnalité civile et capacité commerciale) pourront être dans l'avenir un élément nécessaire du développement des syndicats tels que nous les comprenons. »

La capacité commerciale semble bien être l'idée chérie et la clef de voûte de la nouvelle organisation dans la pensée de l'ancien Ministre du Commerce et, depuis 1902, il s'est plu fréquemment à insister sur ce point dans ses discours et dans ses écrits.

D'après le projet, le syndicat de l'avenir, sans pouvoir faire directement le commerce — ceci est important à retenir — sera toutefois autorisé, s'il le désire, à posséder partie ou totalité des actions de sociétés commerciales à responsabilité limitée, de sociétés coopératives, par exemple. Par une dérogation aux lois de 1867 et de 1893, les administrateurs de ce nouveau type de société pourront être des délégués des syndiqués sans être personnellement actionnaires.

Nous insistons sur la distinction qu'il convient d'établir entre les deux associations dont il s'agit : d'une part le syndicat proprement dit ; d'autre part une société par actions, à responsabilité limitée, dans laquelle le syndicat engage une somme qu'il détermine à l'avance, mais société qui est distincte de lui. Il ne s'agit donc pas de syndicats « faisant eux-mêmes le commerce », comme on l'entend dire parfois d'une façon impropre, car ce n'est pas de cela qu'il est question.

Qui ne voit les conséquences d'un pareil état de

choses ? C'est qu'il est difficile de figurer un syndicat intéressé pécuniairement dans une affaire industrielle et commerciale et demeurant syndicat révolutionnaire ; c'est que le syndicat, possédant totalité ou partie des actions d'une société commerçante, dont la prospérité est elle-même intimement liée avec celle de la classe capitaliste, va lui-même singulièrement s'assagir. Ne perdra-t-il pas immédiatement toute analogie avec le syndicat-champignon dont nous parlions tout à l'heure, avec le syndicat révolutionnaire, dont les membres ne paient qu'une cotisation dérisoire et quelquefois aucune, poussant et disparaissant au hasard des grèves [1] ? Il semble bien qu'une association de ce genre, possédant et accroissant un patrimoine, groupement responsable qui a des intérêts à sauvegarder, ne s'engagera pas à la légère dans la lutte contre le patronat et aura un intérêt primordial à n'arborer jamais que des revendications légitimes.

Donc, d'après le courant d'idées qui s'est fait jour maintenant à la fois dans une notable fraction des partis modérés de droite comme de gauche, chez les démocrates chrétiens comme chez les socialistes réformistes, le syndicat doit être un organe non seulement de défense professionnelle, mais aussi d'amélioration économique. Permettez-lui de créer à côté de lui, de se juxtaposer une société faisant des actes de commerce et ali-

1. Cf. article déjà cité de M. de Seilhac, *les Syndicats couloirs* dans lequel l'auteur, avec MM. Raoul Jay et Dutheit, se déclare partisan sur ce point du projet Millerand contrairement à l'opinion de MM. Martin-Saint-Léon et Boissard. Voir *Association catholique*, 25 novembre, 15 décembre 1903, 15 février 1904.

mentée par ses propres deniers qui proviennent eux-mêmes de cotisations ouvrières, c'est ainsi que les travailleurs verront s'ouvrir peu à peu devant eux l'entrée d'un sort meilleur. Ainsi parviendront-ils, quand les circonstances s'y prêteront, non seulement à devenir maîtres de leurs instruments de travail, mais encore à une distribution plus équitable de la richesse dont l'accès semble évidemment fermé en ce moment à certaines fractions de salariés.

Suivant quelques socialistes, partisans du projet Millerand, les bénéfices que désormais les syndicats ouvriers, organes de travail et de richesse, pourront recueillir, devront être employés pour le bien général du parti, pour la propagande socialiste, pour soutenir les camarades en grève ou un chômage, pour créer partout où ce sera possible des coopératives ouvrières, éléments de transformation économique et de libération pour les classes populaires. Ce serait assurément fort beau si les membres des syndicats qui feront des affaires avantageuses devaient consentir avec un absolu désintéressement à abandonner à des camarades étrangers à leur association le fruit de leurs économies. Nous avouons ne pas partager entièrement cette confiance optimiste et quelque peu naïve en la bonté de la nature humaine. Il semble que nous retombions encore là dans l'éternelle utopie des rêveurs du socialisme romantique. Ce sont des idées généreuses qui font honneur à ceux qui ont foi en elles, mais qui nous font sortir de la réalité.

M. Millerand, dans son exposé des motifs, nous

semble d'ailleurs lui-même avoir peu d'illusions sur ce que deviendra la société collectiviste avec l'application de la loi qu'il propose : « Un syndicat, dit-il, dont le patrimoine se sera accru, pourra être, il est vrai, tenté de fermer sa porte aux adhésions nouvelles en exigeant un prix trop élevé pour les admissions ; ce fait ne constituera-t-il pas une entrave à la liberté du travail ? La réponse à cette objection se trouve dans la liberté d'association même. Tout syndicat qui abandonne la défense des intérêts généraux de la profession voit surgir en face de lui un syndicat nouveau ; l'expérience l'a déjà suffisamment constaté. »

Ainsi, de l'aveu même de M. Millerand, le syndicat qui aura fait de bonnes affaires risque d'abandonner les intérêts de la profession, c'est-à-dire la propagande collectiviste, pour être remplacé dans cet objet par un autre qui vraisemblablement suivra le même processus et sera remplacé par un troisième, et ainsi de suite. Nous en arrivons ainsi à la formation successive d'une série de syndicats qui commenceront par absorber l'élite ou du moins la partie rangée et économe de la classe ouvrière. Nous sommes d'ailleurs les premiers à reconnaître qu'il y aurait déjà là un sérieux progrès sur l'état de choses actuel.

Ce qui est vrai, c'est qu'en attendant une révolution sociale qui reste encore perdue dans de lointains brouillards, le syndicat dont il s'agit restera, entre autres prérogatives, un organe non de transformation, mais d'amélioration économique, et nous applaudissons à l'idée qu'un jour, par un jeu savant de coopératives ouvrières capables, par exemple, de lutter avec avantage contre les grands magasins, le bien-être et la richesse, l'accès du capital s'ouvriront plus facilement devant ceux auxquels jusqu'alors étaient interdits les rêves dorés.

Il est aussi une morale que nous tirons de l'étude du projet de M. Millerand, c'est que celui-ci, étant monté au pouvoir, a dû passer de l'utopie collectiviste à la réalité des faits. Il avait vu de près ce qu'était un syndicat révolutionnaire et il a perdu toute illusion quand il s'est agi de compter avec lui. Il a donc dû chercher les moyens de l'assagir et de le transformer, et s'est rallié aux idées de ceux qui, dans les partis modérés des Chambres, étaient depuis longtemps les apôtres de la personnalité civile et de la capacité commerciale des syndicats.

De la part des purs du parti socialiste la réponse n'a pas tardé à se faire entendre et, le 26 janvier dernier, était déposée sur le bureau des Chambres une proposition de loi signée : Vaillant, Bouveri, Jules Coutant (Seine), Dejeante, Sembat, Thivrier, etc. Nous en détachons les passages suivants :

Pour la classe ouvrière organisée il ne peut y avoir ni hésitation, ni doute à ce propos. La seule réforme désirable et nécessaire est celle qui abrogera toutes les limitations légales, toutes les entraves de tous o.dres à sa faculté, à son droit d'association, de coalition, et en même temps protégera le syndicat et les syndiqués contre l'arbitraire patronal.

..... La loi qui ferait du syndicat une société de commerce, d'industrie ou d'échange serait une loi de désorganisation syndicale et ouvrière.

Quant à la personnalité civile, les événements qui, depuis

deux ans, se déroulent en Angleterre, ont dissipé toute
incertitude.....

L'exposé des motifs relate alors les incidents de
la grève du chemin de fer de Taff-Vale à laquelle
nous avons fait allusion, et conclut ainsi :

Donc : ni capacité commerciale, ni personnalité civile
pour le syndicat qui doit rester l'organe des revendications
professionnelles, économiques et sociales de la corporation
et de la classe ouvrière organisée et qui doit rester aussi à
l'abri des poursuites patronales et des tribunaux qui le
dépouilleraient et le ligoteraient, annulant la part qu'il a
déjà acquise du droit de coalition.

Tel est l'état de la question. Il ne semble pas
que l'opposition d'une faible minorité socialiste
révolutionnaire soit de nature à faire échec aux
divers projets de loi étendant les attributions
des syndicats et qui semblent acceptés par tous
les partis, depuis les confins de l'extrême-gauche
jusqu'à la droite. Ce sera, depuis la loi de 1884,
le pas le plus important fait en France dans la
voie de l'organisation professionnelle.

CHAPITRE VII

LA SOCIÉTÉ DE SECOURS MUTUELS DANS LE SYNDICAT PROFESSIONNEL. — INSTITUTIONS ANNEXÉES AU SYNDICAT.

Il ne faudrait cependant pas croire que le but du syndicat professionnel doive se limiter au rôle d'organe représentatif des intérêts de la profession, comme le demandent les uns, ou encore au rôle d'organe d'amélioration ou de transformation économique, comme le veulent aussi beaucoup d'autres. Le syndicat a encore de nombreuses missions à remplir, s'il est entendu qu'il doive être une institution sociale définitive, douée de toutes les conditions de vie et de durée.

Nous le concevons encore autrement. Nous voulons que sur lui viennent se greffer des œuvres d'assistance et de prévoyance, capables de relever et d'améliorer la situation morale et matérielle de ses membres. En cela d'ailleurs nous ne voulons faire aucune innovation. Nous restons dans le domaine des choses pratiques, dans la poursuite des buts faciles à atteindre.

Que dit en effet le paragraphe 4 (art. 6) de la loi du 21 mars 1884 sur les syndicats professionnels? Citons textuellement :

Ils (les syndicats) pourront, sans autorisation, mais en se conformant aux autres dispositions de la loi, constituer entre leurs membres, des caisses spéciales de secours mutuels et de retraites.

D'autre part, que lit-on dans l'article 40 de la loi du 1er avril 1898, relative aux sociétés de secours mutuels? Voyons encore le texte même :

Les syndicats professionnels constitués légalement aux termes de la loi du 21 mars 1884, qui ont prévu dans leurs statuts les secours mutuels entre leurs membres adhérents, bénéficieront des avantages de la présente loi, à la condition de se conformer à ses prescriptions.

Comme on le voit, les deux textes rentrent en réalité l'un dans l'autre, et c'est par deux fois que le législateur s'est plu à indiquer la voie à suivre.

La logique et la force des choses travaillent d'ailleurs dans le même sens. Il suffit de parcourir l'*Annuaire des Sociétés de secours mutuels* pour remarquer qu'une partie notable d'entre elles sont depuis longtemps professionnelles, tant il est vrai que la profession est un lien indiqué entre concitoyens, une prolongation naturelle de la famille[1]. En Angleterre, les *Trade Unions* emploient une partie notable de leurs ressources en secours en cas de maladie ou de chômage et en pensions de retraites. Dans la discussion du projet de loi sur l'assistance, en 1903, M. de Gailhard-Bancel a proposé un amendement tendant à faire participer aux secours et allocations de l'État, en

1. Voir plus loin les études : *les Sociétés de secours mutuels* et *la Mutualité professionnelle*, où l'idée, énoncée dans le présent chapitre, est plus amplement développée.

vue de l'assistance aux vieillards et aux infirmes, les syndicats professionnels et les sociétés de secours mutuels : « Je demande, disait-il, que là où elles (ces associations) existent, elles puissent concourir à l'accomplissement du devoir social d'assistance. Elles y participeront d'autant plus efficacement que, mieux que personne, elles sont à même de juger des besoins de leurs membres et de l'âge auquel il est nécessaire de les secourir. Dans telle profession on sera vieux avant soixante-dix ans ; dans telle autre, ce sera l'âge extrême, etc. » Il n'est pas, en effet, de meilleur moyen, semble-t-il, de faire du syndicat professionnel une institution sociale d'un caractère sérieux, durable, permanent et attirant pour l'ouvrier que de greffer sur lui des œuvres de prévoyance et d'assistance, telles que la société de secours mutuels avec caisse de retraite. Le syndicat, en un mot, doit centraliser toutes les institutions capables d'améliorer le bien-être moral et matériel du travailleur.

Ce que nous venons d'énoncer à propos des mutualités doit s'entendre également des bibliothèques, cours d'instruction professionnelle, offices de placement, salles de réunion, maisons du peuple, toutes institutions concourant, à divers degrés, au perfectionnement intellectuel et moral, sans oublier l'utilité pratique. Mais il serait trop long de s'étendre sur la mine inépuisable d'avantages que l'on peut tirer du fait de l'association entre eux d'éléments réunis par le lien le plus puissant, avons-nous déjà dit, après celui de la famille, c'est-à-dire le lien de la profession, des mêmes intérêts, des mêmes risques, des mêmes espérances poursuivies en commun, — état de choses entraînant camaraderie et fraternité entre concitoyens qui n'ont souvent besoin que de se connaître pour s'apprécier.

CHAPITRE VIII

LE SYNDICAT DANS LE PETIT COMMERCE ET LA PETITE INDUSTRIE. — SYNDICATS DE LA CLASSE MOYENNE A L'ÉTRANGER.

Pour être instructive, une étude sur le mouvement syndical ne doit pas se borner aux associations de salariés de la grande industrie. Nous craindrions, par un oubli regrettable, de tomber dans un travers, assez commun dans le parti socialiste, en paraissant nous occuper uniquement des travailleurs des mines et des usines ; ce qui nous conduirait à n'envisager qu'un seul côté du problème. Comme nous le rappelions plus haut, il y a bien en France 25 0/0 des habitants qui vivent de l'industrie — et ils sont loin d'être tous des salariés — mais il y a aussi 47 0/0 de la population qui tirent leur subsistance de l'agriculture, 10 0/0 du commerce, plus un certain nombre d'individus dans l'industrie des transports, puis ceux qui sont adonnés aux carrières libérales, enfin les rentiers et d'autres encore.

Or, les textes de loi que nous avons étudiés ne se limitent pas, comme on a pu le constater, aux seuls salariés. Il y a d'autres catégories de Français qui travaillent, qui peinent chaque jour autant et plus que les ouvriers de la grande industrie. Il y a des métiers de toutes sortes dont les enseignes s'étalent le long de nos rues, au-dessus des boutiques des artisans et des moyens commerçants. Il y a la petite industrie, où le patron travaille de ses mains, entouré de sa famille et de deux ou trois ouvriers, modeste atelier où la vie est quelquefois plus dure que dans la mine ou dans l'usine. Seulement les artisans ne forment, pas de ces grandes agglomérations tumultueuses conduites par d'audacieux meneurs et par de puissants orateurs qui ont l'oreille de l'opinion publique.

Devons-nous pour cela perdre de vue les intérêts de cette classe des métiers, petit commerce et petite industrie, que nous appellerons classe moyenne? Elle travaille silencieusement, lutte quelquefois péniblement, troublée dans ses anciennes habitudes par les nouvelles découvertes, par la concurrence des grands magasins, par l'entrée en jeu de masses de capitaux dans ce qui était autrefois son domaine. Et cependant cette petite bourgeoisie est sage et économe. C'est chez elle que le foyer et l'esprit de famille sont le plus solidement constitués. Elle a son bas de laine comme les agriculteurs, et on sait que le bas de laine c'est la réserve de la France.

Quelques-uns aujourd'hui ont coutume de dire que la grande industrie va tuer la petite, que le commerce en gros s'apprête à écraser le détail, que les puissants magasins étoufferont les faibles, que les trusts vont monopoliser la richesse publique. Voilà une discussion qui risquerait de nous entraîner loin. Une chose est toutefois certaine, c'est que les métiers vivent, que dans bien des branches ils prospéreront encore longtemps ; mais, s'ils devaient disparaître dans un délai donné — ce qui n'est pas démontré — ce ne serait pas une raison pour ne pas s'en occuper. Quand un homme est gravement malade, les médecins ne l'abandonnent pas et ses enfants ne l'étranglent pas sous prétexte qu'il n'y a plus rien à faire. Nous ferons de même en ce qui concerne les métiers dont certains ne sont peut-être pas aussi malades qu'on le dit, et nous chercherons les moyens de guérir.

Avouons-le tout d'abord, il y a assurément des métiers condamnés. Dans l'industrie du fer, dans la métallurgie, il est incontestable que la grande usine a l'avenir devant elle, et cependant les maréchaux ferrants ont encore devant eux de beaux jours en perspective. Dans les industries textiles, dans les tissages et les filatures, les énormes fabriques où grouille toute une population ouvrière semblent avoir à jamais détrôné le métier familial, à moins que le transport de la force motrice à distance, la distribution de l'électricité en détail n'amènent au contraire la reconstitution de cet atelier à type patriarcal. Sur quelques points, le fait a déjà commencé à se produire et on ne sait ce que réservent les inventions de l'avenir.

Il serait trop long de passer en revue les divers métiers et industries pour distinguer où et comment ceci tuera cela. Mais peut-on dire que nous soyons près de voir disparaître certains commerces de détail : les bouchers, les charcutiers, les boulangers, les pâtissiers, les confiseurs, les marchands de vins, les fleuristes, les coiffeurs, les maçons, les peintres et tant d'autres métiers qu'il serait fastidieux de nommer et qui n'ont rien à craindre ni des trusts, ni des grands magasins, ni du machinisme? Puis on voit de nouvelles industries de détail qui se créent et d'autres qui naîtront encore au fur et à mesure des inventions futures, celles de l'électricité par exemple. Enfin les industries de l'art et du goût défieront toujours la concurrence brutale des machines.

Chose d'ailleurs à noter, les statistiques font constater que le nombre des petits commerçants, loin de diminuer, tend à augmenter. Pour le commerce, pas plus que pour l'industrie, la prétendue loi de concentration sur laquelle insistait Karl Marx, ne se vérifie pas d'une façon générale.

Or, dans les métiers, il existe un moyen de se défendre contre la concurrence de la grande industrie et des grands magasins, c'est encore par l'union, par l'association professionnelle, par le syndicat. Les tentatives les plus intéressantes à cet égard ont été faites en Belgique, en Allemagne et en Autriche, et il serait à souhaiter qu'on généralisât également en France les mesures propres à protéger le petit commerce et la petite industrie. Ces dernières années en Belgique, à Anvers, à Namur, et successivement dans d'autres pays, notamment à Amsterdam, en 1902, à Stuttgard, en 1903, il s'est tenu des congrès internationaux de la petite bourgeoisie. Dans le compte rendu qui en est donné et qui fait annuellement la matière d'un important volume, on trouve exposés les moyens favorables au relèvement et à la défense des métiers, de la moyenne et petite industrie, du moyen et petit commerce[1]. On y préconise le perfectionnement de l'apprentissage à l'aide des cours d'enseignement professionnel que peuvent organiser les membres syndiqués d'un même état. En ce qui concerne le côté commercial, ce sont les achats en commun de matières premières qu'il est permis à ces mêmes membres syndiqués d'effectuer en vue d'obtenir des prix plus avantageux.

C'est, dit M. Georges Blondel[2], une pensée sociale très haute qui a guidé les hommes d'État qui — en divers pays — ont pris en mains la cause des classes moyennes, et fait déjà édicter une série de dispositions législatives propres à assurer leur maintien. Les Belges notamment se sont mis à la tête d'un mouvement qui portera sans doute d'heureux fruits. Ils ont réuni depuis quatre ans plusieurs congrès où le caractère international des questions concernant les classes moyennes a été établi. C'est à leur instigation que dans une réunion tenue à Stuttgard au mois de septembre dernier on a jeté les bases d'un Institut international, qui doit avoir un caractère absolument scientifique. Le but essentiel de cette création est de procéder à des enquêtes et de recueillir les documents relatifs aux classes moyennes, pour faciliter les études soit individuelles, soit collectives. Un comité central comprenant deux délégués par pays doit assurer le bon fonctionnement de la société, et une assem-

1. Consulter notamment : *Compte rendu du Congrès international de la petite bourgeoisie*, Bruxelles, SCHEPENS, 1900.

2. Conférence sur *la Situation des classes moyennes en présence des transformations économiques*, prononcée en 1904 à l'Université populaire des Études nationales, fondée par M. Chéradame.

blée plénière de tous les associés doit avoir lieu au moins une fois par an. On a choisi Bruxelles comme siège du secrétariat permanent ; c'est là que seront centralisés les documents. Le secrétaire perpétuel est un des directeurs du ministère de l'Industrie et du Travail de Belgique.

Mais ce n'est pas tout de fabriquer des produits, il faut les vendre. Ici encore l'association ne peut-elle pas faire les merveilles dont ailleurs elle est coutumière ? Pourquoi ne créerait-on pas, entre commerçants, des sociétés coopératives de production et de vente, comme il en existe déjà bien des types, mais plutôt à l'étranger qu'en France[1] ? Prenons au hasard l'exemple des ébénistes de Munich. Ceux-ci ont institué une société dont les statuts intéressants sont reproduits dans le *Compte rendu du Congrès de la petite bourgeoisie* tenu à Anvers en 1899. Le but en est ainsi formulé : 1° Achat en commun de matières premières, d'outils et autres objets nécessaires pour la fabrication de meubles et leur vente aux membres de la société à des prix modérés ; 2° Entreprise de travaux commandés, concernant le métier de l'ébénisterie et de la menuiserie, et leur répartition entre les membres de la société ; 3° Ouverture d'un magasin de vente commun, afin d'y débiter les objets fabriqués par les membres.

Les commandes reçues sont réparties proportionnellement entre les membres. Ceux-ci, au nombre de 65, ont reçu jusqu'à 11 0/0 de dividende.

A un des congrès internationaux suivants de la

---

1. Voir sur ce sujet : Victor BRANTS, *la Petite Industrie contemporaine*, 1902, Paris, Lecoffre.

petite bourgeoisie, tenu à Namur en 1901, on a signalé le syndicat de vente des petits horlogers de Berlin. Au nombre de cinquante, ils ont monté un dépôt où il n'y a que des échantillons. Le client choisit son modèle qui lui est ensuite livré par l'horloger associé. On voit que le fonctionnement de ce syndicat est d'une grande simplicité. Nous pourrions donner bien d'autres exemples. Sur la rive gauche du Rhin les bouchers, qui s'adressaient jusqu'à présent à des intermédiaires pour la vente de leurs sous-produits tels que peaux, cornes, etc., se sont groupés entre eux pour la vente directe à l'industrie et ont réalisé de ce fait un bénéfice de 60 0/0. On cite des corporations de menuisiers, tapissiers, tailleurs, cordonniers, qui ont tiré un avantage considérable de l'association syndicale ou coopérative soit pour l'achat de matières premières, soit pour la production, soit pour la vente.

Il y aurait bien des choses à dire si l'on poursuivait cette étude à l'étranger, notamment en Autriche, où la loi du 15 mars 1883 a réorganisé, pour ainsi dire, les anciennes corporations de métiers pour la protection du petit commerce et de la petite industrie. Il y aurait aussi à parler des institutions de crédit nécessaires à la classe dont il s'agit. En Allemagne, il y a des caisses coopératives de crédit pour les industriels et les commerçants. Il n'est pas rare non plus qu'on s'y syndique pour recouvrer les créances qui se font trop attendre et pour ne pas laisser s'exagérer les délais de paiement.

Nous n'avons voulu qu'indiquer en passant, par

une simple énumération, les avantages que peuvent retirer les petits industriels et commerçants d'une organisation syndicale et coopérative, centre bienfaisant où, réunis d'une façon permanente et régulière, ils prendront les mesures nécessaires à la défense des intérêts professionnels, où ils élaboreront toutes œuvres, institutions ou fondations utiles à l'association.

Si les salariés de la grande industrie ont compris depuis longtemps que l'individu isolé ne comptait plus pour rien dans la société actuelle, pourquoi les moyens exploitants, resserrés de deux côtés entre la classe des capitalistes et la classe bruyante et menaçante des salariés, se laisseraient-ils ainsi égorger sans crier, ne s'associeraient-ils pas à leur tour en un mot, puisqu'enfin la grande arme, la seule arme dans les conditions sociales actuelles, c'est l'association? Le besoin de se défendre est pour ces derniers et pour la société tout entière d'autant plus de urgent, qu'à l'existence des classes moyennes sont liées pour ainsi dire la sécurité et la grandeur de la France. Historiquement c'est par la sagesse de sa petite bourgeoisie, c'est par l'intelligence de celle-ci, par son travail, par son épargne que notre pays a assuré son relèvement après les désastres et les révolutions qu'il a trop souvent traversés. Et d'ailleurs ce qui fait la solidité de cette classe moyenne, c'est qu'elle repose tout entière sur le respect et le culte de la famille, sur un amour parfois exagéré des parents pour leurs enfants, or le foyer familial, c'est la base même de la nation,

Ajoutons que, dans la grande industrie et le grand commerce se crée maintenant toute une nouvelle classe moyenne entre le capitaliste et l'ouvrier, c'est celle des ingénieurs et des administrateurs de tout ordre des diverses entreprises, c'est la catégorie des ouvriers à haut salaire et la longue échelle des employés touchant par le bas au modeste commis pour arriver au sommet au directeur même de l'affaire.

Il y a, en tout cas actuellement, dans quelque profession qu'on les rencontre, des hommes plus malheureux à tout prendre et surtout plus menacés que les autres : ce sont les isolés. *Væ soli!* « Malheur à l'homme seul! » Cette parole de l'Écriture Sainte trouve une application étonnamment impressionnante dans la société moderne. Il n'y a plus de place pour l'homme seul, ni pour l'individualisme égoïste. Si vous ne vous secourez pas les uns les autres, ne vous attendez pas à être épargnés par la grande broyeuse qu'est la civilisation moderne sous le nom de progrès, avec tout son cortège d'inventions, de transformations et de révolutions.

CHAPITRE IX

SYNDICATS AGRICOLES. — SYNDICAT COMMUNAL
LE FÉDÉRALISME ÉCONOMIQUE AGRICOLE

Il est une dernière classe de travailleurs, d'ailleurs la plus nombreuse, celle des habitants des campagnes, dont il convient de s'occuper pour terminer cette rapide revue des individus auxquels peut s'appliquer avec profit le régime de l'association professionnelle. On sait quel admirable essor les syndicats agricoles ont pris dans notre pays depuis moins de vingt ans et c'est le moment de rappeler dans quelles conditions singulières ils sont venus au monde.

Au moment de la discussion du projet de loi relatif aux syndicats professionnels, personne ne s'avisait de penser que les dispositions destinées à régler les questions concernant les ouvriers de l'industrie pussent s'appliquer au monde agricole, quand M. Oudet, sénateur du Doubs, demanda que l'article 3 portant : « Les syndicats professionnels ont exclusivement pour objet l'étude et la défense des intérêts économiques, industriels et commerciaux », fût complété par l'addition des mots « et agricoles ».

Telle est l'origine des syndicats agricoles qui,

nés par surprise, devaient bientôt étonner par leur vitalité. Depuis cette époque, il s'est fondé en France environ 2.400 associations de ce genre existant encore actuellement[1] avec 600.000 agriculteurs syndiqués, presque tous chefs de famille ; ce qui porte à 3 millions le nombre de Français jouissant du bénéfice de la nouvelle législation.

Cet avènement de la démocratie rurale à la conscience de sa personnalité et en même temps la possibilité qui lui est donnée d'être représentée et de formuler ses besoins au moyen d'organes professionnels comptent parmi les principaux événements sociaux de ces dernières années. Mais, pour se rendre compte de la portée du mouvement, il importe d'en étudier le mode de développement.

Dès que par la loi de 1884, la liberté de l'association professionnelle agricole eût été proclamée, l'initiative du mouvement syndical appartint d'abord, il est vrai, aux propriétaires ne cultivant pas le sol de leurs mains ; mais ceux-ci, conscients des avantages qu'allait procurer à tous les agriculteurs le nouveau mode d'association, s'il était dirigé vers certains buts déterminés, créèrent aussitôt des syndicats déparmentaux, des syndicats d'arrondissement et d'autres à ressort moins étendu. Souvent éloignées de ces centres, les masses rurales ne purent de suite saisir les avantages de l'institution. Ceci a fait dire dans le début que les syndicats agricoles n'étaient l'œuvre que des bourgeois des campagnes ou des grands

1. D'après l'*Annuaire des syndicats*, il y avait, en 1902, 2.375 syndicats agricoles proprement dits, comptant 592.616 membres.

propriétaires qui, voyant le pouvoir politique leur échapper, cherchaient du moins dans les syndicats un nouveau mode d'influence et de domination sur les paysans. La vérité, c'est que les syndicats agricoles, comme tant d'institutions s'éloignant de leur origine, ont évolué; or pour eux, l'évolution s'est faite, à n'en pas douter, dans un sens démocratique. Les paysans entrent maintenant en foule dans ces groupements qui, au début, ont dû leur création à l'initiative de la bourgeoisie rurale, et les syndicats agricoles ont une tendance de plus en plus marquée à se décentraliser. De syndicats départementaux ou d'arrondissement, ils deviennent de plus en plus cantonaux ou communaux et nous nous en félicitons. C'est aujourd'hui un fait fréquent de rencontrer dans une commune rurale un syndicat d'une centaine de membres, cultivateurs trop peu fortunés pour acquérir chacun individuellement, par exemple, une machine agricole, une faucheuse ou une faneuse, et qui se sont réunis en syndicat dans le but d'un achat en commun : admirable bienfait de l'association à un moment où les campagnes se dépeuplent et où l'on se demande si, en certains endroits, faute de bras, les terrains ne vont pas retourner en jachères.

Mais il va sans dire que, dans l'institution des syndicats agricoles, nous voyons mieux que des facilités données à l'acquisition d'instruments de culture. Le point important, c'est que le groupement ait été formé, c'est que le noyau existe. Que d'œuvres, en effet, ne peut-on pas greffer sur cet embryon d'organisation?

Une première conséquence de cette démocratisation des syndicats agricoles, c'est que, sur 600.000 membres, il n'y a pas, d'après les statistiques, plus de 3.000 propriétaires possédant plus de cent hectares. C'est donc bien réellement l'entrée définitive des paysans dans la vie corporative et l'avènement pour eux d'une nouvelle ère.

Plus tard, c'est dans la salle du syndicat communal que chacun de nos travailleurs ruraux devra venir s'instruire des améliorations sociales et matérielles auxquelles il peut prétendre : achats en commun pour réaliser un bénéfice, vente et transformation des produits agricoles, perfectionnement du bétail, champs d'expériences, offices de placement, conférences et cours professionnels, sociétés coopératives de consommation et de vente, caisses de crédit rural, assurances diverses, œuvres d'assistance et de prévoyance, retraites paysannes, représentation et défense des intérêts agricoles, diffusion de la presse rurale, nous n'en finirions pas si nous voulions énumérer tous les avantages et les nouveaux horizons que l'association professionnelle dans les campagnes peut ouvrir devant une population par nature routinière et profondément empreinte d'esprit individualiste.

L'avenir des syndicats agricoles repose donc non pas, comme on tendrait à le faire croire, sur les grands propriétaires, mais sur l'immense foule d'agriculteurs français qui cultivent eux-mêmes le champ paternel, s'offrent comme journaliers à certaines saisons ou échangent leurs services avec ceux du voisin, sur toute cette population de petits fermiers, vignerons et métayers que l'on ne peut appeler prolétariat rural, car ce sont plutôt des associés que des salariés, ou du moins ne sont-ils parfois salariés que par occasion et seulement pendant certaines saisons. Les petits propriétaires constituent jusqu'à présent la majorité de la population rurale. Souhaitons, quand le fait pourra se produire dans des conditions normales et avantageuses, que la terre se divise de plus en plus aux mains de petits propriétaires cultivant eux-mêmes; émettons le vœu que chaque paysan arrive à posséder dans le délai le plus rapproché le coin de terre nécessaire à sa subsistance et, mieux que cela, unissons nos efforts pour faire aboutir un projet de loi dont le titre indique suffisamment l'objet, sur le bien de famille insaisissable[1].

Améliorer le sort de la classe paysanne sera le moyen le plus propre de la retenir aux champs et à l'empêcher d'émigrer vers les villes. Enfin quelle prise saurait avoir la théorie socialiste de la nationalisation du sol sur le cultivateur attaché à la terre par le lien de la propriété individuelle et réussissant dans son entreprise ? N'oublions pas que notre meilleur rempart contre les assauts du collectivisme sera l'ensemble de sentiments et d'habitudes caractérisant le paysan français.

A ce sujet n'est-ce pas sans quelque appréhension que nous voyons s'établir dans quelques régions du Midi viticole des syndicats agricoles

---

1. Cf. plus loin l'étude sur *l'Évolution de la propriété rurale*. On y verra les dangers qui menacent la propriété paysanne et la nécessité qui s'impose de la favoriser sous peine de laisser se constituer un prolétariat rural nombreux, fait qui aurait des conséquences désastreuses.

exclusivement ouvriers, et qui vont donner corps et conscience à un prolétariat rural privé de propriété[1]. De là une nouvelle nécessité de faciliter par des mesures législatives l'accession de la propriété rurale aux paysans. Il y a eu, dans ces pays, en 1903-1904, des grèves agricoles accompagnées de désordres rappelant par quelques côtés certaines grèves industrielles. C'est la guerre de classe transportée dans nos campagnes et le fait risquera encore de se produire dans toute région où la ligne de démarcation sera trop brusquement tracée entre le grand propriétaire et le paysan. Il se présentera sur tout point du territoire où un trop nombreux prolétariat rural, privé d'une propriété individuelle de contenance raisonnable, ne sera pas appelé à reconnaître l'action bienfaisante des syndicats mixtes agricoles; car si la forme du syndicat mixte est rarement praticable dans l'industrie, elle reste assurément la forme à préconiser dans l'agriculture où la différence des classes est souvent difficile à établir et en tout cas peu avantageuse à marquer.

Pour en terminer avec cette question des syndicats agricoles sur laquelle nous reviendrons dans le cours de cet ouvrage, disons qu'il existe déjà un système complet de fédéralisme dans l'agriculture, organisation qui, heureusement, n'a rien de rigide, et tire sa force de ce qu'elle se plie aux besoins mêmes du sol. Ainsi la considération des intérêts spéciaux à chaque contrée a

---

1. Consulter *Les ouvriers de la viticulture languedocienne et leurs syndicats*, par Augé-Laribé, supplément aux *Annales du Musée social*, novembre 1903.

provoqué la création des unions régionales de syndicats, qui sont au nombre de dix et parmi lesquelles on peut citer l'Union du Sud-Est, qui groupe les syndicats de la région lyonnaise, l'Union de Normandie, l'Union du Centre, l'Union des Alpes et de Provence, l'Union de Bourgogne et de Franche-Comté, etc. Enfin, au-dessus de ces diverses unions et les réunissant toutes, est établie l'Union centrale des syndicats des agriculteurs de France.

Quand on étudie de près les syndicats agricoles et les services qu'ils commencent à rendre, on reste émerveillé des résultats obtenus, dont le plus général est d'avoir déjà réussi à assouplir sur certains points l'esprit individualiste des populations rurales. Enfin si l'on songe que le mouvement syndical agricole trouve en face de lui, à chaque pas, le mauvais vouloir de l'administration et du gouvernement qui reprochent à ses adhérents de ne pas s'inféoder à certaine politique de parti, on peut évaluer ce que deviendrait cet admirable organe de prospérité matérielle, d'amélioration et de pacification sociales, s'il rencontrait, au lieu de l'hostilité, l'appui effectif des pouvoirs publics[1].

---

1. On consultera avec fruit sur les avantages que peuvent procurer les syndicats agricoles, et sur leur fonctionnement : *Quinze années d'action syndicale*, par H. de Gailhard-Bancel, Paris, Lamulle, 1900.

CHAPITRE X

RÉACTION ACTUELLE EN FAVEUR DE L'IDÉE DE L'ASSO-
CIATION PROFESSIONNELLE. — LA SOUVERAINETÉ
ÉCONOMIQUE DU SYNDICAT. — POSSIBILITÉS FU-
TURES.

Il semble que nous ayons maintenant parcouru le cycle que nous nous étions imposé au début de cette étude. Nous avions à nous occuper du mouvement syndical et à nous efforcer de faire ressortir les bienfaits de l'organisation professionnelle dans les diverses branches de l'activité du pays ; mais nous devions nous limiter aux formes de syndicats qui s'appliquent aux classes les moins favorisées de la fortune, parce qu'elles sont les plus nombreuses et les plus intéressantes.

Par les grandes lignes que nous avons tracées de ces associations, par ces vues générales, mais forcément hâtives et incomplètes, nous croyons avoir démontré que nous possédons déjà dans notre pays les principes de l'organisation d'une démocratie sage, laborieuse et qui deviendra avec le temps antirévolutionnaire, si l'on sait procéder avec sûreté et méthode, car au point de vue social, nous sommes au moment décisif, à l'instant critique où un peuple, s'étant ressaisi à la suite d'une grande commotion, va chercher son orientation définitive. M. Barthou, dans son rapport déjà cité [1] — qui, à part certaines réserves, est une mine inépuisable pour les idées que nous défendons — l'a dit avec raison :

L'Assemblée constituante, dans la loi des 14-17 juin 1791 supprimant les corporations, avait dépassé la mesure et, frappée des abus de l'institution, elle avait, au lieu de l'améliorer par une sage et ferme réglementation, aboli l'institution elle-même. Son souci de rétablir et de garantir la liberté du travail, réduite à néant par l'organisation corporative, l'avait conduite à la suppression de tout groupement professionnel, temporaire ou permanent. Cette législation négative et absolue devait périr par son excès même. La conquête de la liberté d'association professionnelle constitue l'un des traits essentiels de l'évolution sociale au cours du XIXe siècle. La loi de 1884, qui ne laisse plus rien subsister de l'œuvre économique de la Révolution, marque le point culminant de cette évolution.

Nous gardons, en ce qui nous concerne, confiance dans cette œuvre de ressaisissement et de réparation, mais cela ne peut être le travail d'un jour et demandera probablement encore bien des années de tâtonnements avant que l'institution ne s'impose définitivement dans la législation et dans les mœurs. Quand on songe que la loi sur les syndicats professionnels possède à peine vingt ans d'existence, on peut en augurer que, malgré certains mouvements désordonnés, inhérents à des fonctionnements du début, l'œuvre est susceptible de s'acclimater dans notre démocratie, qu'elle y deviendra, avec le temps, po-

1. Ce rapport complété par d'autres documents a paru en volume sous le titre : *l'Action syndicale*, Rousseau, 1904.

pulaire chez tous ceux qui résistent encore, et qu'ainsi la doctrine de l'association finira par triompher de l'individualisme égoïste dont souffrent les classes laborieuses de notre pays.

Il est une série de questions corrélatives à l'organisation syndicale et qu'il nous semble nécessaire tout au moins d'énumérer avant de quitter un pareil sujet. Liberté de travail, rapports contractuels du groupement professionnel libre et de ses membres, tendance à la souveraineté des groupements ouvriers modernes, législation qui les régit au point de vue pénal, interdiction de travail : nous croyons utile, pour l'examen de ces divers problèmes, de renvoyer le lecteur à l'examen d'un ouvrage en tête duquel M. Waldeck-Rousseau a écrit une préface d'où nous détachons les lignes suivantes[1] : « Celle-ci (la collectivité), peu à peu, dicte ses lois ; sa prépondérance dans la profession s'accroît avec le nombre de ses adhérents ; elle exerce dans cette limite une « souveraineté économique », elle tend ainsi à constituer dans chaque industrie et dans chaque métier une sorte de « gouvernement du travail » imposant « des règles obligatoires ». Ces conséquences lointaines du principe de l'association constituent ce que l'auteur appelle « les possibilités futures ». L'éventualité qu'il laisse entrevoir et dont, à juste titre, il ne s'effraye pas, causera quelque trouble chez ceux qui pour juger les conséquences de l'association ne font entrer en compte que ses tendances et laissent de côté toutes

---

1. *Le Fédéralisme économique*, par J. Paul Boncour, Paris, Alcan, 1901.

ses forces différentes ou contraires et tout spécialement cet élément de tout problème humain : l'instinct de la conservation et du développement individuels. Ceux-là au contraire ne seront point émus, qui instruits par l'histoire même du travail se seront aisément convaincus que la condition essentielle de l'existence et du développement des collectivités, c'est de tourner au développement de l'individu, et non pas de l'amoindrir. »

Notre intention n'est pas de décrire les diverses formes de groupement que peuvent constituer entre elles les classes plus favorisées de la fortune. Elles ont déjà réalisé bien des types et, le cas échéant, le reste de leur éducation ne saurait être long à faire sur ce point. La question du développement des syndicats patronaux est d'ailleurs également de première importance si nous voulons que l'organisation syndicale en général devienne un élément décisif de paix dans le monde du travail. Discipliner d'abord la masse ouvrière, faire succéder des corps fortement constitués et responsables à la pulvérisation impalpable d'individus livrés aux caprices de meneurs, créer ensuite des conseils permanents de conciliation et d'arbitrage entre les patrons — ou les syndicats patronaux — et les syndicats ouvriers et charger ensuite ces conseils de régler, le cas échéant, les conflits dans les conditions prévues par la loi, tel doit être l'objectif poursuivi de pacification sociale.

Peut-être en est-il encore, en France, qui redoutent toute tentative d'organisation professionnelle ou syndicale sous prétexte que, dans les agglomérations industrielles, l'institution a été exploitée par quelques révolutionnaires qui en ont mésusé. Nous les prions de vouloir bien faire quelque crédit à ce mouvement, d'autant plus qu'il ne semble pas possible d'exclure du bénéfice de l'association professionnelle les ouvriers de l'industrie, alors qu'on en accorderait le privilège aux syndicats patronaux, aux syndicats de petits métiers et de l'agriculture. L'histoire est là pour montrer qu'un mouvement, révolutionnaire à ses débuts, peut se transformer, surtout quand une législation appropriée et fille de l'expérience vient endiguer ou canaliser les courants désordonnés. En Angleterre, les patrons préfèrent, dans beaucoup d'industries, traiter avec des ouvriers syndiqués, parce que ceux-ci ont, comme on dit, une surface, parce qu'ils ont l'habileté technique, qu'ils comprennent la responsabilité, qu'ils ont le sentiment de l'honneur corporatif, parce qu'ils sont en un mot l'élite de leur classe et que leurs associations, riches et puissantes, peuvent fournir la caution des contrats. Laissons de même en France les masses s'assagir et s'organiser, repousser avec le clair bon sens de notre race les entrepreneurs de grève générale, et nous verrons alors lever d'année en année une moisson plus abondante d'associations professionnelles, organes de progrès social et matériel.

Les libertés corporatives ne comptent pas parmi les moins précieuses que l'on doive poursuivre dans un état centralisé comme le nôtre, où, à certains moments, toutes les tyrannies peuvent s'exercer sans contrepoids. La nécessité d'approprier

certaines formes syndicales aux besoins actuels
semble évidente aujourd'hui aux hommes de tous
les partis; mais tous n'ont pas la même conception du syndicat professionnel. Loin de nous la
pensée de courir après des systèmes utopiques.
Le syndicat actuel, quelque imparfaite et incomplète que s'en présente la forme, est une première assise. Ne la détruisons pas, mais essayons
au contraire, par des efforts lents et méthodiques,
de bâtir sur elle à chaux et à sable. Il ne s'agit
pour le moment que de consolider celles des associations professionnelles nées depuis moins de
vingt ans et qui d'ores et déjà semblent viables,
et d'en créer de nouvelles, car les associations
professionnelles seront peut-être la base de la
société future. Toute institution d'ailleurs, tout
groupement, qui réunit des hommes de même
état, nous semblent immédiatement devoir être
encouragés, car il s'agit bien, dans notre démocratie désemparée et errant en ce moment sans
boussole, d'organiser pour le bien général et de
discipliner les masses anarchiques qui volontiers
deviendraient révolutionnaires. A ces groupements,
cimentés par le lien puissant de la profession, on
s'appliquera à donner une conscience propre, un
souci de leurs intérêts moraux et matériels, une
responsabilité effective, une personnalité distincte
et une force pondérable dans notre organisation
sociale.

Un homme, qui a précédé de plusieurs années
nos socialistes réformistes d'aujourd'hui et à l'école
duquel ces derniers n'hésitent pas, quand cela leur
est utile, à faire des emprunts, sans en avouer

bien entendu l'origine, M. Lecour-Grandmaison, a écrit sur l'organisation professionnelle les lignes suivantes[1] :

Partout où il (le mouvement corporatif) est sorti de la phase chaotique, il constitue le plus insurmontable obstacle aux progrès du collectivisme et de la Révolution cosmopolite ; à tous ces points de vue, il mérite d'appeler l'attention de ceux qui se préoccupent des dangers de la société moderne. Il donne les solutions les plus pratiques pour l'organisation de l'assistance mutuelle, pour la régularisation de l'offre et de la demande, pour la réglementation du travail et autres problèmes qui intéressent à si juste titre les générations actuelles, et il permet d'entrevoir dans un avenir prochain un mode rationnel et satisfaisant pour tous de la représentation des intérêts et de la représentation politique, que le suffrage inorganique, tel qu'il fonctionne aujourd'hui, n'assure véritablement pas.

Nous n'avons certes pas le dessein d'établir une égalité chimérique de condition sociale entre les individus, ce qui semblerait un défi jeté à l'histoire de tous les temps et de tous les peuples. Ce que nous défendons, c'est l'égalité de la personnalité humaine entre tous, quelle que soit la condition où le sort a placé chacun. C'est pourquoi nous réclamons notamment pour les faibles et les moins favorisés de la fortune le droit à l'association professionnelle aussi largement compris que possible, — groupement solidement constitué auquel il sera loisible de traiter d'égal à égal, comme cela est équitable, avec telle autre puissance qu'il trouvera devant lui, de pratiquer le contrat collectif en toute loyauté et aussi avec

1. *Le Mouvement corporatif en Europe* (*Revue des Deux Mondes*, du 15 février 1900).

toute sécurité pour les parties. Ainsi du fait de l'association sortira en réalité non l'oppression, comme on le dit quelquefois, mais la libération de l'individu. Si, plus tard, le but que nous poursuivons est atteint, il nous semble qu'il y aura ce jour-là un peu plus de justice sociale et de bien-être moral et matériel répandus dans notre pays.

Dans la démocratie, dont nous rêvons l'organisation, nous voyons tout d'abord à la base la famille que nous défendrons sans relâche contre certaines écoles plus ou moins favorables à l'union libre. Mais au-dessus de la famille nous apercevons, dans un avenir plus ou moins prochain, naître, pousser et s'épanouir toute une floraison, se développer un ensemble équilibré et harmonique d'associations professionnelles libres et jalouses de leur liberté, qui, elle-mêmes, constitueront cette autre grande association, qui est la nation elle-même.

Nous pouvons, comme nous l'avons dit, entrevoir le jour où ces mêmes associations professionnelles arriveront à obtenir voix consultative auprès des pouvoirs publics.

Plus tard, qui sait? Quand le suffrage universel aura été organisé mieux qu'il ne l'est aujourd'hui, peut-être arriverons-nous, en partant du même principe, à améliorer les assemblées délibérantes qui se composent actuellement d'hommes ayant pour profession la politique, uniquement la politique, — et quelle politique! Peut-être alors les associations professionnelles, les syndicats du type que nous venons de décrire, et qui auront englobé l'immense majorité de la nation, auront-ils la mission d'introduire au Sénat, par exemple, non seulement des hommes adonnés aux carrières libérales, et qui y constituent actuellement le plus grand nombre, mais encore, en un chiffre proportionné, rationnel et logique, des hommes représentant les forces réelles et vitales du pays, c'est-à-dire l'industrie, le commerce, l'agriculture.

II

L'ÉVOLUTION DE LA PROPRIÉTÉ RURALE ET LE SYNDICALISME AGRICOLE

CHAPITRE I

LA PROPRIÉTÉ RURALE ÉVOLUE-T-ELLE DANS LE SENS DE LA GRANDE, DE LA MOYENNE OU DE LA PETITE PROPRIÉTÉ?

Parmi les problèmes de ce temps, il en est peu d'aussi inquiétants que celui de l'avenir des classes agricoles.

Le phénomène qui, depuis un siècle, a bouleversé les conditions de la vie industrielle va-t-il se reproduire avec la même intensité dans l'agriculture? La grande usine remplaçant le métier familial, l'exploitation par les puissances anonymes de l'argent se substituant aux conditions débattues de gré à gré entre maître et compagnon, un immense prolétariat privé à la fois de la propriété elle-même en général et aussi de la possession des instruments de travail — masses tumultueuses succédant peu à peu au monde paisible des artisans — tel est le spectacle que nous offre le monde industriel du xıx° siècle. Or, si l'on raisonne par analogie, la concentration de plus en plus facile des capitaux n'aboutira-t-elle pas à amener une concentration parallèle de la propriété foncière, du moins sur certains points du territoire? Ce mouvement ne va-t-il pas être favorisé par la tendance progressive de l'agriculture à se spécialiser et à s'industrialiser? Enfin les mêmes causes économiques et sociales ne s'apprêtent-elles pas à amener une transformation équivalente chez les populations agricoles en dépit d'un optimisme jusqu'à présent volontiers à la mode dans certaines sphères, mais dont nous voudrions discuter les bases?

En d'autres termes, pour serrer de près la question, dans quel sens la propriété foncière évolue-t-elle ou semble-t-elle devoir plus ou moins prochainement évoluer en France? Est-ce la grande, la moyenne ou la petite propriété qui prend de l'extension aux dépens de ses voisines, tant sous l'influence de la législation que sous celle des mœurs ou des nouvelles conditions économiques du monde moderne? Et d'abord qu'entend-on par grande, moyenne et petite propriété? Comment doit-on concevoir l'une ou l'autre selon les régions du territoire dont on s'occupe? Est-il possible de classer dans la même catégorie deux exploitations dont l'une est cultivée de ses propres mains par le propriétaire et l'autre par un fermier? Avant de déterminer le sens de l'évolution agraire, il importerait tout d'abord de donner des diverses natures de propriétés de solides définitions.

Or le sens de ce mouvement est d'une importance primordiale en ce moment où le propre des évolutions politiques, sociales et économiques, est justement de se précipiter et où en vingt ans on fait plus de chemin qu'autrefois en un siècle. Il est urgent de noter le point précis où en est la question agraire dans notre pays, problème jusqu'à présent fort obscur si nous consultons à ce sujet les opinions diamétralement opposées des auteurs compétents dans la matière ; car, si l'on veut procéder avec sûreté et méthode, si l'on tient à se mettre en garde contre de graves désillusions, il ne peut s'agir, par exemple, de réformer tel ou tel système d'impôts, de légiférer dans un sens protectionniste ou libre-échangiste, de traiter la question des associations professionnelles agricoles, des syndicats, des coopératives, des caisses de crédit rural, sans avoir porté préalablement son attention sur la division du sol, sur sa répartition entre les diverses catégories d'agriculteurs.

Et combien de questions qui sont vitales pour notre pays sont liées à celle-là ! Pourquoi, par exemple, la natalité est-elle plus ou moins forte dans telle ou telle région où certain régime de propriété l'emporte sur un autre ? Pourquoi le socialisme prend-il pied précisément dans les départements où la propriété paysanne disparaît pour faire place à la grande propriété ? La division ou la concentration des biens fonciers n'ont-elles pas une influence considérable sur le déracinement des populations agricoles, sur l'exode vers les villes, sur l'instabilité des foyers ruraux, qui ne fera d'ailleurs qu'augmenter avec la facilité des transports et des communications ?

Pour nous éclairer sur le problème agraire, nous nous aiderons des chiffres fournis par les dernières statistiques. Nous ferons d'ailleurs remarquer que celles-ci sont fort incomplètes ; mais, si l'on sait les commenter par des déductions tirées de l'observation des faits, on arrivera à découvrir non une exactitude absolue de calculs, mais au moins la direction vers laquelle ces chiffres marquent une évolution.

CHAPITRE II

OPINION DES SOCIALISTES SUR LE SENS DU MOUVEMENT AGRAIRE. — OPINION DES LIBÉRAUX

Consultons d'abord les socialistes au sujet du mouvement de la propriété non seulement en France, mais dans le monde entier. L'opinion qui, chez eux, est restée longtemps classique est celle de Karl Marx, qui annonce en ces termes la disparition inévitable du paysan propriétaire : « Dans la sphère de l'agriculture, la grande industrie agit plus révolutionnairement que partout ailleurs, en ce sens qu'elle fait disparaître le paysan, ce rempart de l'ancienne société, et lui substitue le salarié[1]. » Marx n'a d'ailleurs aucuns regrets pour la petite propriété : « La petite propriété crée une classe de barbares vivant à moitié en dehors de la société, soumis à toute l'imperfection des formes sociales primitives et à tous les maux et à toutes les misères des pays civilisés[2]. »

Benoît Malon, Jules Guesde, Lassalle, Henry George et Lafargue ont soutenu la même thèse de l'absorption fatale de la petite propriété par la

1. *Capital*, chap. xv.
2. *Capital*, liv. III, chap. ii.

grande sous l'action des nouvelles forces capitalistes.

D'autre part, un économiste, adversaire du socialisme, mais partisan, pour d'autres raisons que celles des socialistes, de la grande propriété, M. de Molinari, écrivait en 1880, dans l'*Évolution économique du XIXe siècle* : « L'avenir appartient à l'entreprise collective, et le jour viendra où l'entreprise individuelle sera une rareté comme le rouet ou le métier à tisser à la main... Les jours de l'agriculture individuelle sont comptés. » Beaucoup d'économistes, en effet, estiment que le développement de la grande propriété a pour conséquence l'accroissement de la production agricole, et ils regardent les choses plutôt du point de vue économique que du point de vue social.

Pour M. Gide, l'un des chefs de l'école coopérative, « la propriété foncière a évolué progressivement et constamment de la forme collective vers la forme individuelle et a tendu à se rapprocher de plus en plus de la propriété des choses mobilières et des capitaux jusqu'à se confondre avec elle »; mais il ajoute que le Code civil « compromet gravement les intérêts de l'agriculture sans pouvoir alléguer l'intérêt démocratique, et que ce Code va même contre son but, car les petits héritages sont souvent vendus à vil prix dans les partages ou pour éviter les partages, et sont alors rachetés par les gros propriétaires[1] ».

Mais revenons aux socialistes.

M. Vandervelde, dans ses *Essais sur la question*

---

1. *Principes d'Économie politique*, liv. III, chap. III et VI.

agraire en Belgique, marque la transition vers des doctrines moins absolues que celles de Karl Marx et de ses disciples immédiats : « Ce qui tue la propriété paysanne, dit-il, c'est bien moins telle ou telle cause spécialement déterminée — lois successorales, infériorité technique, matériel défectueux — que le développement tout entier de la société bourgeoise, du mode de production capitaliste. » Mais il ne pense pas qu'il faille souhaiter la concentration la plus rapide possible de la propriété aux mains de quelques-uns, afin que le passage à la propriété collective puisse s'effectuer plus facilement. Il est d'avis, et là on reconnaît le néo-socialisme réformiste, qu'il ne faut rien faire *contre* la propriété paysanne, mais que, s'il y a quelque chose à faire *pour* elle, il convient de rechercher l'attitude à prendre « à l'égard des mesures législatives ayant pour but de la consolider, de la développer et de la reconstituer ».

La même tendance se retrouve chez M. Jaurès. Celui-ci, lors de l'interpellation de 1897 sur la crise agricole, avait insisté avec M. Deville sur les conditions d'infériorité de la propriété paysanne vouée à être absorbée par la grande, et sur la misérable condition du prolétariat rural, qui voit disparaître chaque jour ses derniers lopins de terre. Le parti se défendait déjà, d'ailleurs, de vouloir toucher à la propriété individuelle du paysan exploitant le sol de ses propres mains. Depuis, M. Jaurès voit moins en noir la situation du cultivateur et il n'accepte plus comme chose fatale et certaine l'absorption de la petite propriété par la grande. Dans ses *Études socialistes* parues en 1902, il a écrit, au chapitre sur le mouvement rural : « Le prolétariat rural devenant de plus en plus rare, la croissance de la grande propriété se trouve naturellement arrêtée. Et par là s'explique l'état à peu près stagnant de la propriété en France... Dans bien des régions, la raréfaction de la main-d'œuvre et la diminution du prolétariat rural neutralisent toutes ces forces de développement de la grande propriété... Il y a des régions entières d'où les journaliers ont disparu, où les familles de métayers sont juste assez nombreuses pour suffire à l'exploitation des domaines bourgeois actuellement constitués, et où les petits propriétaires n'ayant qu'un enfant ne travaillent jamais en dehors de leur petit domaine... La grande propriété n'ose pas s'étendre davantage de peur d'avoir à compter avec une main-d'œuvre trop rare et par conséquent trop puissante... Notons bien que je ne prétends pas que ces traits s'appliquent à toutes les régions agricoles de France, mais ils sont vrais dans une assez grande étendue. »

Si M. Jaurès avait inséré les idées qui précèdent dans son discours de 1897 sur la crise agricole, elles eussent constitué un puissant correctif à ses théories antérieures sur l'accaparement du sol par la propriété financière capitaliste. M. Deschanel, qui lui répondit alors et dont le discours eut les honneurs de l'affichage dans les 36.000 communes de France, développa la thèse alors diamétralement opposée à celle de M. Jaurès. Aujourd'hui ils se rencontreraient d'accord sur un certain nombre de points. Il s'efforça de prouver que la propriété, bien loin de se concen-

trer, avait au contraire une tendance à se morceler et à passer entre les mains des cultivateurs
exploitant eux-mêmes leur fonds. Les conclusions
optimistes de M. Deschanel, présentées d'ailleurs
dans un brillant langage oratoire, n'apportent pas
un élément décisif dans une question aussi con-
troversée. Il ne possédait pas d'ailleurs les résultats de l'enquête agricole décennale de 1892. Ceux-
ci ont été donnés quelques mois après à la Chambre
des députés par M. Méline, alors président du Conseil et ministre de l'Agriculture. M. Méline est
arrivé aux mêmes conclusions que M. Deschanel,
ce qui, assurément, est fait pour surprendre, car
il a reconnu lui-même à la tribune : 1° qu'il y
avait une légère augmentation de la superficie des
grandes propriétés, soit 197.000 hectares en dix
ans ; 2° que la petite et la moyenne propriété, de
1 à 40 hectares, avaient au contraire diminué de
33.000 exploitations ; mais, 3° que la très petite
propriété au-dessous de 1 hectare avait augmenté
de 67.000 exploitations.

Or, dans la question qui nous occupe, ce dernier fait constitue-t-il au point de vue social un
progrès ou un recul ? Tout est là. Ce n'est assurément pas la possession d'une parcelle de terre
d'une étendue dérisoire qui serait capable d'améliorer notablement la condition d'une famille de
prolétaires ruraux. Et l'on ne peut pas dire que
l'acquisition de la très petite propriété soit un
acheminement vers la petite et la moyenne,
puisque, à cet accroissement de 67.000 très petites
exploitations correspond précisément une diminution de 33.000 petites et moyennes exploitations.

Or, ces exploitations dont 33.000 ont disparu, constituent ce que l'on peut définir la propriété paysanne par excellence, celle qui est capable de nourrir une famille de cultivateurs sans que ceux-ci soient obligés d'aller louer leurs bras ailleurs ; et alors, si ces 33.000 petits ou moyens exploitants sont devenus de très petits exploitants ou prolétaires ruraux, ou bien ont émigré vers les villes, il y a donc là une chute et non un progrès. Dans ces conditions, est-il raisonnable, est-il prudent de dire que le petit cultivateur a l'avenir devant lui, que le sol est en voie de se transformer en propriété paysanne ?

Ayant vécu six années sur les idées émises par MM. Deschanel et Méline, nous avons eu la curiosité de les contrôler par l'étude des faits sans parti pris, ou plutôt, nous l'avouons, nous étions prévenu, au début, en faveur de ces idées, d'autant plus que, dans la région habitée par nous, il y a un accroissement de la petite propriété aux dépens de la grande, ce qui semblerait confirmer l'opinion de MM. Deschanel et Méline. Mais une enquête, étendue sur d'autres points de la France, jointe à l'examen des études très documentées et très sérieuses publiées dans ces derniers temps sur la question, nous a donné à réfléchir et nous a conduit à nous défier des appréciations hâtives et superficielles, et des thèses de parti, qu'elles émanent des socialistes, des radicaux ou des libéraux.

Ce qui semble vrai, c'est qu'actuellement une crise latente menace le monde agricole, comme elle a éprouvé au siècle dernier le monde industriel. Elle produira ses effets probablement avec moins de violence parce que, malgré tout, dans la vie rurale les évolutions ne s'effectuent pas en un jour : *Natura non facit saltus*. Il en est des révolutions agraires comme du blé et de la vigne qui ne poussent pas leur développement en quelques semaines, mais qui ont besoin, pour la préparation de leur épanouissement, du mouvement lent, rythmique et alternatif des saisons, des gelées d'hiver et des chauds soleils de l'été. Ainsi, le régime de la propriété en France, sous l'empire des nouvelles conditions économiques, sous l'influence des mœurs modernes et du Code civil, est appelé à évoluer comme il l'a déjà fait à des moments de l'histoire faciles à déterminer. Nous saisissons notamment cette évolution au sortir du moyen âge, époque de la diffusion de la petite propriété paysanne puis, plus tard, au xviie et au xviiie siècles, quand la propriété féodale se reconstitue au profit de la nouvelle noblesse, enfin, au lendemain de la Révolution, quand se développe une nouvelle phase de morcellement semblable à celle qui avait suivi le régime féodal du moyen âge. C'est la direction dans laquelle va s'effectuer la nouvelle étape que nous allons essayer de rechercher.

CHAPITRE III

PETITE ET MOYENNE PROPRIÉTÉ. — TYPE DE LA PROPRIÉTÉ PAYSANNE

Essayons d'abord de définir la petite, la moyenne et la grande propriété. D'après les statistiques du ministère de l'Agriculture, les petites exploitations sont celles qui ont une étendue de moins de 10 hectares; pour M. de Foville[1], celles dont la superficie maxima est de 6 hectares. Pour d'autres, la petite exploitation atteint 8 et même 20 hectares. Ces différences ne sauraient étonner, puisque, dans les Alpes, par exemple, une famille peut rester inoccupée sur une vingtaine d'hectares à peine cultivables, tandis que, dans les pays de vignes ou de cultures maraîchères, il lui suffira de 3 hectares pour employer son temps et tirer du sol une rémunération suffisante à sa subsistance.

Cette dernière considération nous engagerait à accepter pour la petite propriété, que nous appellerions alors propriété paysanne, la définition que M. René Henry donne de la propriété-type. C'est la terre qui, dit-il, « soit directement par ses

1. *Le Morcellement*, 1885.

produits, soit indirectement par le prix de vente, permet à la famille qui la cultive de vivre sans se faire aider par des étrangers [1] ». C'est également cette catégorie d'exploitation que M. Souchon qualifie de propriété paysanne [2]. Il est certain qu'une exploitation agricole, dans ces conditions, serait bien le petit domaine-type qui assure à ses possesseurs aisance, dignité et indépendance. C'est la propriété idéale qui, si elle se répandait, renforcerait dans la classe rurale l'instinct de la propriété, lui permettrait de se défendre à la fois contre l'accaparement par la propriété capitaliste et contre les menaces de nationalisation du sol annoncée par certains socialistes.

Mais l'établissement en est-il partout possible en France? Evidemment non, car il demande, réunie sur des espaces relativement restreints, une variété de cultures et de pâturages que l'on ne trouve pas toujours. Si le Bourguignon, en effet, qui possède un petit vignoble sur le flanc d'un coteau, avec un champ de blé ou de pommes de terre à ses pieds, et, plus loin, un pré sur le bord de la rivière, réalise à un degré parfait ce type rêvé d'exploitation agricole indépendante, le même rêve est interdit au rural qui vit au milieu des vastes pâturages normands ou nivernais, où la terre tire toute sa richesse du bétail qu'elle nourrit, et où les travaux d'irrigation et l'épandage d'engrais, amenés à grands frais, sont la condition de la prospérité du sol. Comment aussi concevoir une division parcellaire de la propriété

1. *La Petite Propriété rurale en France*, 1895.
2. *La Propriété paysanne*, Larose, 1899.

dans les fermes de la Beauce et du Berry? Elles sont aménagées pour la culture de grandes étendues de blé au moyen de machines agricoles, — et cet état de choses a été rendu nécessaire par la disparition de la main-d'œuvre dans les campagnes et par la diminution de la population rurale en France. Ce que nous disons des prairies et du blé est vrai aussi de la betterave et d'autres cultures, car un des caractères de l'agriculture actuelle est la spécialisation de certains sols en faveur de produits particuliers, nécessaires à des besoins déterminés. D'où naît fatalement une tendance à la création de grandes exploitations, qui se rapprochent de l'usine industrielle par certains côtés.

Concluons donc en ce qui concerne la petite propriété. Elle peut varier de 3 à 20 hectares, pour rester dans les limites communément admises ; elle pourrait être, la plupart du temps, la propriété paysanne. Voilà un premier point à noter. Le second, c'est que cette propriété ne peut se constituer et se développer que dans certaines régions de la France. Mais voici une remarque importante : les statistiques officielles ne nous donnent nullement l'état de la propriété paysanne en France, telle que nous l'avons définie. Il y a eu des enquêtes décennales en 1882 et en 1892 ; il n'y en a pas eu en 1902, et nous le regrettons. Espérons que la prochaine nous donnera les renseignements désirés.

Ne quittons pas la petite propriété sans dire un mot de la très petite propriété, celle qui est inférieure à 1 hectare. M. Méline s'était réjoui de voir le nombre des exploitations de cette nature augmenter de 67.000 de 1882 à 1892. Mais, si l'on examinait la valeur intrinsèque de chacune de ces 67.000 parcelles, à combien de surprises ne s'exposerait-on pas? Combien, dans ce nombre, trouverait-on de lopins de terre capables tout au plus de donner deux ou trois sacs de pommes de terre? Combien de jardinets appartenant à des bourgeois dans la banlieue des villes? Mais, ce qui est plus fâcheux, c'est que — nous le verrons un peu plus loin — ces 67.000 parcelles proviennent, non du morcellement de la grande propriété, mais de la dislocation, pour causes diverses, de petites et moyennes exploitations.

Qu'est-ce au juste que la moyenne propriété? D'après l'enquête décennale, la moyenne exploitation varie de 10 à 40 hectares. Pour ne pas y revenir, nous ferons remarquer que le Ministère de l'Agriculture emploie le mot exploitation, et non celui de propriété, car une propriété peut embrasser plusieurs exploitations, de même qu'un seul exploitant ou fermier peut avoir loué les terres appartenant à plusieurs personnes. Le plus souvent, le propriétaire qui exploite lui-même la moyenne propriété ne peut, à cause de son étendue, la cultiver seul avec l'aide de sa famille; il a besoin du secours de domestiques. C'est alors une sorte de propriété paysanne agrandie, et, par conséquent, comme nous avons dit, une forme désirable de la propriété. Mais aujourd'hui, il y a des chances pour qu'un domaine de cette nature ne se transmette pas de père en fils pendant bien des générations. Par une évolution naturelle et conforme à nos mœurs, on tend volontiers à passer de la condition de cultivateur aisé à celle de bourgeois. Les fils de l'agriculteur, quand ils ont reçu une certaine instruction, renoncent à continuer le dur labeur paternel. Ils suivent les carrières libérales ou deviennent employés quelque part; les terres sont louées à des fermiers, et le foyer rural est ainsi détruit au bout d'une ou deux générations. Voilà, pour la moyenne propriété, une première cause de décroissance. Il en est une seconde : le partage forcé de l'héritage, imposé par le Code civil, et qui a souvent pour effet de faire passer les enfants du cultivateur aisé à la condition de petits propriétaires journaliers.

A cela, l'on répond volontiers que le paysan français, possesseur de quelque bien, n'a plus de famille nombreuse et que, par la restriction volontaire du nombre des enfants, maintenant, hélas! passée dans les mœurs, il en est arrivé à neutraliser les effets du Code civil relativement au morcellement de l'héritage. Le paysan, a-t-on dit avec esprit, a pris le parti « de faire des aînés en supprimant les cadets[1] ». Cela n'est que trop vrai, mais ce n'est évidemment pas une solution à laquelle on puisse s'arrêter.

Autre cas : le détenteur d'une moyenne exploitation ne la cultive pas lui-même, il la donne à bail à un fermier; il pratique ensuite l'absentéisme, qui, aujourd'hui comme autrefois, est la plaie de nos campagnes. Nous connaissons des propriétaires qui ne vont jamais visiter leurs fermes sous prétexte que le fermier, s'il les voyait,

---

1. Boyenval, *les Réformes successorales.*

ne manquerait pas de leur demander des réparations.

Enfin, il faut considérer, parmi les détenteurs de la moyenne propriété, la catégorie de ceux qui, sans mettre eux-mêmes la main à la charrue, résident cependant sur leurs terres et y pratiquent l'agriculture d'une façon particulièrement intéressante. Ce sont les bourgeois-campagnards, possesseurs de domaines de 20, 30 ou 40 hectares à peine, et qui les font valoir, soit directement au moyen de domestiques agricoles, soit de moitié avec des métayers et vignerons. Souvent fils de grands propriétaires dont l'héritage a été réparti entre plusieurs enfants, ils connaissent aujourd'hui la gêne après avoir vécu dans l'opulence au temps de leur enfance. Manquant de capitaux, ils ont dû recourir aux bienfaits de l'association pour améliorer le rendement de leurs terres. Ils ont été l'âme et la partie pensante et organisatrice des syndicats agricoles dont la floraison nous émerveille depuis quelques années. Cette institution est destinée à s'étendre de plus en plus dans la classe paysanne, et, par un système de coopération bien entendu, à en améliorer considérablement le sort.

CHAPITRE IV

GRANDE PROPRIÉTÉ
INCONVÉNIENTS DE SON EXTENSION POSSIBLE

Quant à la grande propriété, elle commence à l'exploitation de 50 hectares d'après les uns, de 40 d'après les autres, qui se conforment en cela aux règles suivies dans les enquêtes agricoles[1].

On trouve parmi les grands propriétaires les héritiers de familles qui sont les derniers débris de l'aristocratie par laquelle étaient autrefois détenus les grands domaines, — familles dont l'influence décroît de jour en jour par une marche naturelle et fatale d'évolution sociale. D'autre part, des industriels, des commerçants, des financiers enrichis, ou même des agriculteurs qui ont fait fortune tendent à reconstituer la grande propriété. Il semble que les biens de la première catégorie de grands propriétaires doivent passer peu à peu à la seconde, détentrice de capitaux

---

1. Quoi qu'on ait dit, ce n'est pas à la classe des grands propriétaires que le mouvement syndical est le plus profitable. Ils possèdent des capitaux et n'ont cure des caisses de crédit rural, des coopératives de village et des syndicats pour achat en commun d'une faneuse ou d'une moissonneuse. Ils se suffisent à eux-mêmes pour toutes ces opérations, de même que pour les marchés d'achat ou de vente.

facilement mobilisables. Puis il serait invraisemblable que là où il y a une affaire avantageuse à conclure, la puissance capitaliste n'entrât pas en jeu. Par suite du dépeuplement des campagnes, de la faible natalité, de l'émigration vers les villes, il y a des contrées où la valeur des terres est tombée dans des proportions effrayantes. Nous connaissons de fertiles régions où il serait facile à des capitalistes, assurés du lendemain, de reconstituer à frais minimes de vastes domaines pour ensuite y appliquer des cultures intensives ou industrielles.

Nous ne sommes certes pas l'adversaire systématique de la grande propriété. Elle est indispensable, dans certaines régions de la France, pour féconder les terres qui, sans les grands travaux que seule elle est en état de mener à bien, resteraient improductives. Mais nous ne saurions envisager sans crainte la perspective d'un accroissement indéfini de cette grande propriété aux dépens de la moyenne et de la petite. La conséquence en serait que la France agricole se partagerait, comme la France industrielle, en deux classes hostiles, celle des propriétaires fonciers capitalistes et celle des prolétaires agricoles, et ceux-ci, en raison du développement du machinisme rural, perdraient l'avantage qu'ils ont eu longtemps sur les ouvriers de l'industrie, d'être détenteurs de leurs instruments de travail.

Déjà apparaissent les conséquences politiques et sociales du développement de la grande propriété. Nous avons en ce moment devant les yeux une carte de la France, dressée par M. Flour de

Saint-Genis[1]. Au moyen d'une teinte spéciale y sont indiqués les départements où les cotes de plus de 100 hectares entrent pour plus de 50 0/0 dans la superficie cadastrale imposable en 1898. Trois départements sont dans ce cas : le Cher, les Bouches-du-Rhône et les Hautes-Alpes. Laissons de côté les deux derniers, où une partie du territoire est inculte. Reste le Cher, pays par excellence de la grande propriété et où le travailleur agricole ne possède même pas un modeste lopin de terre ; conséquence : les idées socialistes sont en plein progrès dans les campagnes, ainsi qu'il est facile de le constater à chaque élection nouvelle.

Une autre teinte couvre une deuxième série de départements, celle où les cotes de plus de 100 hectares absorbent de 40 à 50 0/0 du territoire. Ce sont l'Allier, la Nièvre, l'Indre, Loir-et-Cher, les Landes, les Basses-Alpes, les Alpes-Maritimes et le Var. La même constatation du progrès des idées socialistes est faite pour la plupart de ces régions. D'où nous pouvons conclure avec quelque raison à l'enchaînement na'urel des trois faits suivants : développement de la grande propriété, constitution d'un prolétariat rural, tendance au socialisme[2].

Le remède serait-il de supprimer la grande propriété? Mais cette solution, outre qu'elle est

---

1. Flour de Saint-Genis, *la Propriété rurale en France*, Colin, 1902.

2. On a remarqué que, dans les pays vignobles et en même temps de petite propriété individuelle, les habitants étaient généralement radicaux et anticléricaux. Pourquoi? Je laisse à d'autres le soin d'élucider ce problème. Il y aurait d'ailleurs un travail curieux à entreprendre sur les rapports entre la division du sol, la nature des cultures et les opinions politiques, sociales et religieuses des détenteurs.

impossible en pratique, serait profondément nuisible. Seule, la grande propriété, par les capitaux dont elle dispose, par les initiatives qu'elle met en jeu, est capable d'expérimenter au profit de l'agriculture tout entière les découvertes de la science, machines, les irrigations, les amendements, les les engrais, la sélection des semences et des races animales. Elle sert de guide et de conseil à la moyenne et à la petite propriété. On lui doit la reconstitution des vignobles phylloxérés que seule elle pouvait entreprendre au début. Les petits propriétaires n'ont fait que suivre le mouvement. L'agriculture s'industrialise de plus en plus ; aussi souvent ne dit-on plus agriculture, mais industrie agricole. Dans l'avenir, par la combinaison de la science et du crédit, on peut prévoir la multiplication de la production dans certaines cultures.

D'ici longtemps, ni l'association entre petits propriétaires, ni, à plus forte raison, un système collectiviste quelconque ne pourront arriver, quelles que soient la bonne entente et l'harmonie qui y régneraient, à suppléer, pour la réussite d'une grande entreprise, une volonté unique, soutenue par une intelligence ferme, méthodique, et aiguillonnée par la perspective d'un gain personnel. Partisan résolu de l'association syndicale et coopérative, nous ne pouvons nier que, dans l'agriculture comme dans l'industrie, elle ne peut s'appliquer à toute espèce de cas. Seulement on peut souhaiter que la grande propriété ne puisse pas s'étendre au delà de certaines limites.

Au xviii⁰ siècle il y avait, cela est certain, beaucoup de très petites propriétés et de très grandes.

Un des résultats de la Révolution fut la dislocation de vastes domaines de main morte. Or, non seulement elle a donné une notable partie de cette terre aux paysans, de sorte que M. de Foville estime à un demi-million le nombre des nouveaux propriétaires qu'elle a créés, mais elle a encore dégrevé la propriété roturière des charges qu'elle supportait à l'exclusion des privilégiés, et cela suffirait à expliquer l'attachement des paysans pour la Révolution. A propos de la division du sol avant cette époque, Arthur Young a écrit : « Les paysans ont partout de petites propriétés en France à un point dont nous n'avons pas d'idée. Le nombre en est si grand que je croirais qu'il comprend un tiers du royaume. Ces petites propriétés existent même dans les provinces où les autres modes de tenure dominent. Il se trouve quelques paysans riches, mais en général ils sont pauvres à cause de la trop grande division de leurs terres entre leurs enfants. » Et ailleurs il ajoute : « Le principal malheur de ce royaume est d'avoir une population si grande qu'il ne peut ni l'employer, ni la nourrir. »

Pendant les trois premiers quarts du xixe siècle, l'étendue de la propriété mise en valeur par les paysans n'a fait que s'accroître et a permis à un plus grand nombre de tirer de la terre sa subsistance. Puis le Code civil semble avoir à son tour haché quelques grandes propriétés foncières. Mais, sous l'influence de nouvelles causes économiques, comme le développement du capitalisme, ou sociologiques et rurales, comme l'abaissement de la natalité et la restriction volontaire du nombre des enfants, le morcellement ne semblerait-il pas avoir touché à sa limite extrême et ne serions-nous pas maintenant au contraire en face d'un phénomène de régression, contre lequel les mœurs et les faits seraient plus forts que les lois? Voilà ce que quelques chiffres vont nous aider à élucider.

CHAPITRE V

DIVISION DU SOL ENTRE LES DIVERSES SORTES D'EXPLOITATIONS. — MOUVEMENT DE LA PROPRIÉTÉ

Consultons les statistiques officielles fournies par l'Administration des contributions directes. Elles ne nous donneront pas de renseignements précis, car, les cotes foncières étant établies par commune, il arrive fréquemment qu'un propriétaire, ayant des terres sur plusieurs communes, est compté plusieurs fois dans les statistiques. En outre, par suite de négligences administratives, les mutations sont loin d'être tenues à jour, et il n'est pas rare que, dans la même commune, un seul propriétaire se trouve à la tête de plusieurs rôles encore établis au nom de personnes depuis longtemps disparues. Mais, comme nous l'avons déclaré au début de cette étude, nous cherchons moins à fournir des données rigoureuses qu'à déterminer le sens général de l'évolution agraire.

Au moyen du chiffre des cotes foncières, M. Flour de Saint-Genis a établi des travaux, dont nous allons tirer quelques extraits. Nous les empruntons à son savant ouvrage, *la Propriété rurale en France*, couronné en 1901 par l'Académie des Sciences morales et politiques. Les terres, tout d'abord, se répartiraient dans notre pays de la façon suivante :

DÉSIGNATION DES GROUPES DE PROPRIÉTÉS	CONTENANCES IMPOSABLES	
	Parts proportionnelles p. 100	Nombre d'hectares
Très petite propriété (0 à 2 hectares).	10 53	5 211 416
Petite propriété (2 à 6 hectares). . .	15 26	7 543 347
Moyenne (6 à 50 hectares).	38 94	19 217 902
Grande (50 à 200 hectares).	19 04	9 398 057
Très grande (au-dessus de 200). . . .	16 23	8 017 542
Totaux :	100 00	49 388 304

Ainsi, sur 49 millions d'hectares cultivables, la petite propriété en détient environ 15, la propriété moyenne 19, et la grande 17.

D'après les enquêtes décennales du ministère de l'Agriculture, la grande propriété, comme nous avons vu, commence à 40 hectares au lieu de 50, chiffre que donne le tableau ci-dessus. En partant de cette base, la grande propriété occuperait en France 22.493.400 hectares sur 49.380.304. Or, ainsi que le constatait M. Méline, cette grande propriété a augmenté de 197.000 hectares de 1882 à 1892. On remarque d'ailleurs, d'après l'enquête de 1892, le mouvement suivant dans le nombre des exploitations : de 40 à 100 hectares, ce nombre a diminué de 7.894 en dix ans, tandis qu'à partir de 100 hectares et au-dessus, il a augmenté de 3.417. La concentration s'est donc opérée au profit de la très grande propriété.

En ce qui concerne la moyenne propriété, nous avons le tableau suivant :

NOMBRE DES EXPLOITATIONS

	De 30 à 40 hectares	De 20 à 30 hectares	De 10 à 20 hectares
En 1862.	363 769	176 744	95 796
— 1882.	431 335	198 041	97 828
— 1892.	429 407	189 664	92 047

Il résulte de ces chiffres que, si la moyenne propriété a augmenté de 1862 à 1882, époque où elle a atteint son maximum, elle s'est mise à décroître à partir de ce moment jusqu'en 1892, où l'on découvre une perte de 16.086 exploitations. La diminution affecte spécialement le centre de la France, de l'est à l'ouest, et le sud, au centre et à l'est. Il y a quarante-neuf départements où le phénomène se produit avec une perte de 424.000 hectares, soit 79 0/0 de la diminution superficielle totale, ce qui correspond à l'étendue moyenne d'un département français.

Le tableau suivant de M. de Saint-Genis donne le mouvement de la très petite et de la petite propriété :

	EXPLOITATIONS DE MOINS DE 1 HECTARE		EXPLOITATIONS DE 1 A 10 HECTARES	
	Nombre	Contenance en hectares	Nombre	Contenance en hectares
En 1882.	2 167 664	1 083 833	2 635 030	11 366 274
— 1892.	2 235 405	1 327 253	2 617 558	11 244 750

La très petite propriété (au-dessous de 1 hectare) a donc augmenté de 243.420 hectares, et la petite propriété (de 1 à 10 hectares) a, au contraire, diminué de 121.524 hectares. Comme, d'autre part, nous avons constaté que la moyenne propriété de 10 à 50 hectares avait également fléchi de plusieurs centaines de milliers d'hectares, nous en concluons que la petite et la moyenne propriété, en France, ont une tendance soit au morcellement et à la pulvérisation au profit de la très petite propriété, soit à la disparition au profit de la grande propriété; car nous avons vu précédemment que celle-ci avait marqué de son côté une tendance à la concentration par un accroissement de 197.000 hectares de 1882 à 1892.

Mais alors, si le nombre des exploitations moyennes diminue, si celui des exploitations de 1 à 10 hectares, cultivées selon toute vraisemblance par le propriétaire lui-même, diminue également, que reste-t-il aux deux extrémités? Du côté de la grande propriété, un accroissement au profit de la classe capitaliste, et, de l'autre côté, une augmentation correspondante du nombre des très petits propriétaires de moins de 1 hectare, qui ne sont probablement, après tout, que d'anciens petits propriétaires s'acheminant par une marche fatale vers la classe prolétarienne, car ce champ de moins de 1 hectare, auquel le paysan, d'après les statistiques précédentes, semble devoir être peu à peu réduit, ne le différencie que peu de la classe des journaliers.

Au surplus, après avoir étudié la division du sol, nous allons considérer la répartition et le mouvement de la population rurale elle-même. Cette seconde étude se complétera par l'autre.

CHAPITRE VI

CLASSEMENT DE LA POPULATION AGRICOLE

Il y a en France, d'après le dénombrement de 1891, 47 0/0 des habitants qui vivent de l'agriculture, soit 17.435.888. Le travail agricole se répartit de la façon suivante :

	PROPRIÉTAIRES	NON PROPRIÉTAIRES
Propriétaires cultivant exclusivement leurs terres.	2.199.220	»
Propriétaires d'un petit bien et qui sont à la fois exploitants et salariés :		
Fermiers.	475.778	585.623
Métayers	123.297	220.871
Journaliers.	588.950	621.131
Régisseurs	»	16.091
Domestiques de fermes.	»	1.832.174
	3.387.245	3.275.890
	6.663.135	

De ce tableau il ressort que, sur l'ensemble des travailleurs agricoles, plus de la moitié, 50 0/0, sont propriétaires fonciers; et il y aurait lieu de s'en réjouir si l'on ne se souvenait que, parmi eux, le nombre des détenteurs de la véritable propriété paysanne, celle qui est capable de nourrir la famille qui la cultive, est en décroissance.

En combinant ensemble les chiffres des enquêtes agricoles avec le détail des cotes fourni par l'*Annuaire des contributions directes* et avec d'autres documents, en opérant des rapprochements ingénieux et en corrigeant les unes par les autres des données fréquemment contradictoires, M. Souchon, dans son livre *la Propriété paysanne*, est arrivé aux conclusions suivantes relativement à la composition du monde agricole travaillant de ses mains, propriétaire ou non propriétaire :

Propriétaires-cultivateurs vivant exclusivement de leur terre et la travaillant exclusivement avec leur famille seule ou presque seule — en d'autres termes, moyens propriétaires-paysans . . . . 1 million.
Avec les familles. . . . . 4 millions.
Grands propriétaires, au delà de 20 hectares, cultivant eux-mêmes. 140.000
Petits propriétaires. 2.700.000
    dont 1.400.000 exerçant la profession de journaliers, métayers ou fermiers et 1.300.000 ayant des ressources ou des métiers spéciaux.
Travailleurs agricoles non propriétaires. . . 1.427.655

Mais ce qu'il est également intéressant de connaître, c'est le mouvement dans un sens ou dans un autre du nombre des propriétaires ; or nous trouvons :

En 1882. . . . . 3.525.342 propriétaires.
En 1892. . . . . 3.387.105   —
    Différence en moins.   138.237 propriétaires.

Il faut donc admettre qu'en dehors d'une certaine quantité de bourgeois ayant vendu de moyennes propriétés, un nombre important de travailleurs ruraux, possesseurs de parcelles ou de biens plus ou moins importants, les ont aliénés pour émigrer vers les villes ou passer à l'état de prolétaires agricoles.

En résumé, ce que nous devons retenir des chiffres qui précèdent, ce ne sont pas les chiffres en eux-mêmes qui, nous l'avons déjà dit, peuvent prêter à la discussion, mais c'est la tendance qu'ils dénotent, de 1882 à 1892, soit vers la concentration de la grande propriété, soit vers la décroissance de la moyenne propriété et de la propriété paysanne, soit vers la diminution du nombre des propriétaires.

Réfléchissons encore une fois sur l'accroissement du nombre des petites exploitations au-dessous de 1 hectare : il peut être dû à l'achat de parcelles effectué soit par des travailleurs agricoles qui passent, dans une certaine mesure, de l'état de journaliers ou domestiques à celui de propriétaires ; soit par des citadins, qui cherchent, dans les environs des villes, de petits coins de plaisance ou des jardins. Mais nous craignons fort que ce mouvement ne provienne également de l'action incessante du Code civil. Celui-ci hache, en effet, plus facilement les petites exploitations que les grandes. Le domaine du propriétaire paysan qui constitue sa fortune unique, est presque toujours, à sa mort, divisé en nature et en parts égales, tandis que les héritages formés de grandes propriétés sont transmis aux enfants par fermes entières, ou bien ils sont rachetés par des capitalistes, et gardent leur caractère de grande ou moyenne propriété. Cela ne veut pas dire que, dans bien des régions, des paysans ne se partagent pas encore de grands domaines vendus au détail ; mais, avec la dépopulation croissante des campagnes, le paysan a une tendance de plus en plus marquée à n'acquérir que l'étendue de terrain qu'il lui est possible de cultiver avec sa seule famille. Ce qu'il redoute maintenant par-dessus tout, en raison de la hausse de la main-d'œuvre agricole, c'est d'être obligé de prendre des journaliers ou de se mettre à la merci de domestiques pour l'aider dans ses travaux.

CHAPITRE VII

DANGERS QUI MENACENT LA PROPRIÉTÉ PAYSANNE
NÉCESSITÉ DE SON MAINTIEN

Or, certains faits donnent à craindre qu'en 1882 nous ne soyons arrivés au sommet de la courbe qui marque le développement de la propriété paysanne, et que, depuis cette époque, cette courbe ne doive continuer à descendre. Des causes nouvelles peuvent précipiter la décadence de la petite propriété ; par exemple, certains procédés d'accaparement de plus en plus employés. Dans certaines régions, les négociants en vins se syndiquent pour ne pas acheter au-dessus d'un prix donné les récoltes des vignerons. Quand ceux-ci, à bout de ressources, sont contraints de vendre, il leur faut en passer par les conditions des acheteurs, qui, d'ailleurs, sont souvent eux-mêmes producteurs ; au lieu que le grand propriétaire, qui a des réserves de vin et d'argent, peut toujours, à l'inverse du modeste vigneron, faire composer à la longue le négociant. Voilà donc un grand désavantage pour la petite propriété, et qui tend à la faire disparaître.

De même la tendance de l'agriculture à s'industrialiser et à se spécialiser, et le développement de la machinerie, qui remédie au manque de bras, sont défavorables à la propriété paysanne. Et cette évolution n'est pas encore arrivée à son terme, car il faut bien suppléer par la machinerie à la dépopulation des campagnes. On sait à quels résultats merveilleux on est arrivé à cet égard en Amérique, où la main-d'œuvre est particulièrement rare et chère.

Pour nous rendre compte du mouvement de la population rurale en France par rapport à la population urbaine, étant entendu que celle-ci comprend les agglomérations de plus de 2.000 habitants, nous avons les chiffres officiels suivants :

	PROPORTION POUR 100	
ANNÉES	POPULATION URBAINE	POPULATION RURALE
1846.	24,4	75,6
1856.	27,3	72,7
1866.	30,5	69,5
1876.	32,4	67,6
1886.	35,9	64,1
1891.	37,4	62,6

De 1846 à 1891, la population urbaine a passé de 8.646.743 habitants à 14.311.292, et la population rurale est descendue de 26.753.743 à 24.031.900 habitants dans le même temps. Mais depuis 1891 la dépopulation des campagnes semble s'être encore accentuée.

Il y a cependant des régions qui, par la nature de leur sol, par les mœurs de leurs habitants et par l'effet d'un mode ancien de division de la propriété, sont capables d'offrir une résistance sérieuse à la concentration de grands domaines. Ce sont

les régions coupées à faibles distances par une
alternance de coteaux et de vallées étroites, de
petits prés, de terres bordées de haies, de vignes
attachées au rocher en minces parcelles, de jardins maraîchers, etc. Non seulement la grande
propriété ne pourrait s'y étendre, mais la terre ne
saurait y donner toute sa valeur que grâce aux
soins minutieux du propriétaire travaillant son
petit bien avec amour, grattant la vigne pendant
la matinée et piochant le soir ses pommes de terre,
ne laissant pas un mètre de bonne terre inem-
ployé. On sait qu'en maint endroit où le propriétaire, par le fermage et le métayage, retire 3 0/0
à peine de son capital, le petit propriétaire exploitant lui-même gagnera facilement 10 0/0.

Il y a donc une limite à la grande propriété
et au morcellement. Dans certaines régions, la
propriété se concentre; dans d'autres, elle se
morcelle. Quand les bornes seront-elles atteintes?
Le sont-elles déjà sur quelques points? Des mo-
nographies locales, comme on en a écrit quelques-
unes, peuvent seules nous renseigner à cet égard.
Dans les questions agraires plus que partout ailleurs, il faut éviter de généraliser. Il convient
d'étudier les solutions diverses, qui se présentent
suivant les régions, et d'éviter de tirer certaines
conclusions trop absolues.

Quoi qu'il en soit, la situation ne nous paraît
nullement rassurante.

Un des plus grands malheurs qui puissent me-
nacer la France, c'est l'accroissement de la grande
propriété au delà des limites utiles pour l'exploitation bien entendue du sol; c'est la disparition

de la propriété paysanne, celle qui nourrit son cultivateur ; c'est le déracinement des populations campagnardes et la disparition du foyer rural ; c'est la suppression, en un mot, dans l'agriculture, de la classe moyenne, qui doit rester accessible aux travailleurs agricoles : journaliers, vignerons, métayers, fermiers ou régisseurs, anciens travailleurs de toutes sortes, qui, au moyen de leurs économies ou de leurs bénéfices, auront pu acquérir un fonds de terre à eux. Il faut que subsiste dans l'agriculture cette classe moyenne correspondant à celle des métiers et des artisans travaillant chez eux, des petits industriels et des petits commerçants.

———

CHAPITRE VIII

MOYENS DE DÉFENDRE LA PROPRIÉTÉ PAYSANNE ET LA CLASSE MOYENNE AGRICOLE. — LES SYNDICATS AGRICOLES. — EXEMPLE DE L'UNION DU SUD-EST. — LE COOPÉRATISME AGRAIRE.

Il y a, pour favoriser le relèvement et le maintien de la propriété paysanne, des moyens d'ordre social et économique, notamment l'association syndicale et coopérative qui, en faisant participer la petite propriété à tous les avantages de la grande, est la vraie solution de la question agraire. De cette idée et de cette espérance, s'étaient inspirés les créateurs du mouvement syndical agricole, dont les efforts tenaces ont fini par pénétrer tout le monde rural. Aujourd'hui l'œuvre des syndicats semble se plier de plus en plus aux conditions nouvelles de l'agriculture.

Prenons l'exemple de l'Union des syndicats agricoles du Sud-Est qui comprend le département de l'Ain, l'Ardèche, la Drôme, l'Isère, la Loire, la Haute-Loire, le Rhône, Saône-et-Loire,

1. Voir *le Mouvement agraire en France*, par M. Mabilleau, *Revue de Paris* du 1ᵉʳ juillet 1897, et aussi *les Syndicats agricoles et leur œuvre*, par le comte de Rocquigny (Bibliothèque du Musée social). Paris, Colin, 1900.

la Savoie et la Haute-Savoie. En 1900, l'Union comprenait 3 syndicats agricoles de département, 13 d'arrondissement, 55 de canton et 179 de commune. Le nombre des syndiqués était de 61.282, avec une moyenne de 423 membres par syndicat cantonal et de 179 membres par syndicat communal. Dans ces 61.282 associations, il y avait 7.808 propriétaires ne travaillant pas le sol, 36.070 l'exploitant eux-mêmes, et 17.404 ouvriers travaillant chez les autres ; ce qui donne une proportion de 12,74 0/0 de rentiers et de 87,26 0/0 de travailleurs du sol[1].

D'un rapport, publié en 1904 par l'Union des syndicats sur les résultats obtenus par l'Union des syndicats du Sud-Est, nous détachons les phrases suivantes qui font saisir le travail opéré par l'Œuvre des syndicats agricoles et ses espérances d'avenir.

Parlant des hommes de cœur qui, avec M. Duport, leur président, ont contribué de façon si remarquable au développement de l'Union du Sud-Est, l'auteur du rapport ajoute :

Ils ont fait du syndicat la base, la cellule-mère de l'organisation, la représentation toute spontanée de l'agriculture, une sorte de Conseil de prud'hommie par ses comités de conciliation et d'arbitrage, un centre permanent d'enseignement des meilleures méthodes par la diffusion de cent éditions mensuelles de bulletins, par des cours d'agriculture et des examens réunissant chaque année des milliers d'élèves et de concurrents.

Le syndicat s'occupe, suivant les nécessités du pays, ici, d'horticulture, de viticulture, d'élevage ; là, d'outillage ou

1. Consulter *l'Union du Sud-Est des Syndicats agricoles*, par Sylvestre. 2 vol. Lyon, Legendre (Bibliothèque de l'Union du Sud-Est).

d'industrie agricole; ailleurs, de défense contre la grêle par des batteries de centaines de canons; de lutte contre la gelée, les inondations, les intempéries, les insectes nuisibles... Chaque jour l'action des syndicats s'étend, et ils auront demain à s'occuper d'échanges ou de remembrements territoriaux, de réempoissonnement de cours d'eau, de drainage, d'irrigation, de reboisement, etc.

Puis méthodiquement, les syndicats ont créé autour d'eux toutes les institutions dont le cultivateur peut avoir besoin; coopératives d'achat, de vente, de production, de conservation, de transformation, de consommation des produits.

Toujours dans notre seule région, 64 caisses de crédit ont été créées pour faciliter le fonctionnement de ces divers services, et cette organisation est complétée par l'assurance de 8.000 exploitations rurales contre les accidents, 36 sociétés d'assurances contre la mortalité du bétail, 22 caisses de secours mutuels et de retraites pour la vieillesse, et — ceci est le progrès le plus marquant de l'exercice écoulé — 42 sociétés d'assurances contre l'incendie, fondées en quelques mois, et possédant dès le début un portefeuille qui dépasse 10 millions.

On comptait, dans la même Union, en 1901, 283 syndicats affiliés; en 1902, 298 avec 80.000 syndiqués, ce qui dénote les progrès croissants de l'institution. En moins de vingt ans on est arrivé à un résultat merveilleux dans certaines régions; mais ce qui donne toute sa valeur à ce fait, c'est qu'aux premières associations — généralement syndicats de département ou d'arrondissement — constituées par des propriétaires aisés et même de grands propriétaires, se sont ajoutés les syndicats cantonaux ou communaux. Le syndicat de commune et, quand celle-ci est trop faible, le syndicat englobant plusieurs communes, ou le canton tout entier, est actuellement la solution pra-

tique du problème rural. Le syndicat agricole —
avec la société coopérative d'achat, de production
ou de vente et la caisse de crédit rural, qui en
sont les compléments indispensables — peu utile
aux grands propriétaires, quoi qu'on en ait dit,
est indispensable désormais aux détenteurs de la
propriété paysanne. Par ce moyen seul, les petits
peuvent se défendre sérieusement contre l'absorption par les gros. Le syndicat de cultivateurs,
ouvriers agricoles, vignerons, métayers, fermiers
et petits propriétaires ruraux, englobant les bourgeois qui font valoir leurs terres et dont les intérêts sont intimement liés avec ceux des précé-
dents, voilà ce que nous appelons de nos vœux
pour le plus grand profit de la classe paysanne,
— et du pays tout entier, qui y trouvera la sécurité de ses institutions sociales.

Il est entendu d'ailleurs que nous conservons
au-dessus des syndicats communaux et cantonaux
le système des unions départementales ou régionales. Celles-ci, se chargeant de missions ou
d'opérations qui dépassent la compétence et les
moyens des petites associations, seront les pièces
maîtresses du Fédéralisme agricole[1].

« La pénétration du coopératisme dans le monde
agraire, dit M. Berget[2], nous apparaît donc
comme une grande révolution pacifique destinée
à transformer de fond en comble, mais sans se-
cousses, la physionomie de la vie rurale. C'est le

---

1. Voir plus haut, dans l'étude sur les *Syndicats professionnels*, le chapitre *Syndicats agricoles, Syndicat communal*, le *Fédéralisme économique
agricole*.

2. *La Coopération dans la viticulture européenne*, par Adrien Berget,
professeur agrégé de l'Université. Lille, Devos, 1902.

plus sûr moyen de donner vie, âme et conscience à ce grand corps amorphe qu'a longtemps été le monde paysan. En dehors des théories absolues qui se disputent actuellement la direction des esprits, entre l'individualisme satisfait de l'économie libérale et l'étatisme forcené du collectivisme doctrinaire, un observateur informé peut facilement percevoir aujourd'hui la formation lente d'une tierce doctrine, issue de la considération des faits d'organisation spontanée qui se manifestent de toutes parts dans le monde du travail par la floraison des syndicats, des sociétés d'instruction populaire et des coopératives. »

Nous avons noté, au début de cette étude, l'évolution de M. Jaurès vers le mouvement syndical et coopératif chez les paysans propriétaires. C'est que M. Jaurès a pu constater sur le plateau albigeois les difficultés matérielles qui s'opposent à l'organisation d'un nouveau régime de propriété et aussi l'invincible attachement du paysan à la propriété individuelle ; il a pu juger qu'il y avait là une forteresse inattaquable pour le collectivisme doctrinaire. Toutefois, dans le néo-socialisme réformiste, on tient à faire remarquer que le coopératisme ne peut être considéré que comme une pierre d'attente et une simple mesure d'opportunité. Dans ses *Essais sur la question agraire*, M. Vandervelde écrit : « Indépendamment des avantages directs qu'elles procurent à leurs membres, les associations entre cultivateurs pour l'achat des matières premières, la vente et l'industrialisation des produits agricoles, doivent être considérées à la fois comme une première étape vers la propriété associée et le moyen le plus efficace d'en faire comprendre les avantages. »

Mais la propriété individuelle du sol, assurée aux paysans et accessible au plus grand nombre, est une des conquêtes de la Révolution auxquelles il ne semble pas que les Français doivent renoncer d'ici longtemps. Aussi sommes-nous sceptique au sujet de l'accueil que feraient nos ruraux à un système de propriété associée, s'il devait s'ensuivre la suppression de leur propriété personnelle.

Nous ignorons ce que nous réserve dans le lointain de l'avenir l'évolution des sociétés. Il est possible que les progrès de la science soient appelés à y jouer un rôle qui déjouera toutes les prévisions d'aujourd'hui au point de vue économique et social. Ce que nous voyons actuellement, c'est que le syndicat agricole est une institution de paix sociale et un moyen d'union entre les citoyens. D'ailleurs, dans l'agriculture, on ne trouve pas, entre les classes, une démarcation aussi nette que dans l'industrie. C'est par une pente insensible que les échelons montent du journalier au propriétaire, au demi-bourgeois et au bourgeois, en passant par le métayer, le vigneron, le fermier. Souhaitons que les coopératives agricoles, formées de tous ces éléments, emploient une partie de leurs bénéfices à soutenir des œuvres mutualistes, à alimenter des caisses d'assurances, de secours et de retraites. Que ce soit là leur unique propagande, et elles ne rencontreront pas d'adversaires.

CHAPITRE IX

MESURES LÉGISLATIVES PROPRES A FAVORISER LA PROPRIÉTÉ PAYSANNE. — LE BIEN DE FAMILLE INSAISISSABLE. — PROPOSITIONS DE LOI LEMIRE ET MOUGEOT.

Y a-t-il lieu, en outre, de recourir à des mesures législatives pour favoriser et protéger la propriété paysanne? Il faudrait une étude spéciale pour traiter un pareil sujet. « Le principe d'utilité publique de la petite propriété entraîne l'intervention de l'État pour la sauvegarde de cette propriété[1] », a-t-on dit. Cela ne paraît guère contestable, mais il faudrait d'abord être sûr que des mesures législatives pourraient être efficaces en pareille matière et en faire un choix réfléchi. A quelques années de distance, les mêmes lois, on l'a souvent remarqué, peuvent produire des effets différents. Serait-ce vrai notamment pour les lois successorales du Code civil qui, au début, ont eu pour heureux effet de morceler de grands héritages, et qui aujourd'hui semblent avoir le grave inconvénient de pulvériser la petite propriété?

1. Rodolphe Meyer, *Des Souffrances de l'Agriculture* (Association catholique, 1884).

Parmi les mesures législatives propres à favoriser la propriété paysanne, on cite le dégrèvement des charges fiscales et la suppression du principal de l'impôt foncier ; la loi du 21 juillet 1897 accorde déjà d'ailleurs à la petite propriété rurale d'importantes remises sur les contributions foncières des propriétés non bâties. On préconise aussi la conversion de la dette hypothécaire et la détaxation de ceux qui cultivent eux-mêmes leurs terres. On parle d'un projet de loi en vue de faciliter les échanges de parcelles et la réunion en un seul tenant de celles qui appartiennent à un même propriétaire ; il est vrai que les droits d'enregistrement ont déjà été diminués quand il s'agit de cas de cette nature. Cette opération de réunion de parcelles dispersées, avec accompagnement d'échanges, s'effectue déjà légalement, en Allemagne, sous le nom de *commassation*, quand un nombre déterminé des habitants d'une commune l'exige[1]. D'autres, allant plus loin, demandent la réforme des lois successorales dans le sens de la liberté de tester.

Enfin les projets de loi Siegfried et Lemire ont pour but de protéger les petits biens ruraux contre les rigueurs du Code civil. M. Siegfried, dans son projet du 11 mars 1897, déjà adopté par la Chambre des députés, propose d'étendre l'application de la loi de 1894 sur les habitations à bon marché aux propriétés foncières d'une contenance de 5 hectares au plus et d'une valeur maxima de 5.000 francs. On sait que la loi de 1894 a eu

---

1. Voir *la Dispersion des domaines ruraux et les réunions territoriales*, par Noiret, Paris, Rousseau, 1901.

pour effet de soustraire aux conséquences désastreuses du partage immédiat après décès les habitations ouvrières.

Le projet Lemire tend à la constitution facultative d'un bien de famille insaisissable à condition que la maison ou portion de maison et la terre n'excèdent pas une valeur de 8.000 francs. Ce bien de famille serait exempt de tout impôt. L'acquisition et la transmission s'en effectueraient sans charges fiscales et il ne pourrait être grevé d'hypothèques[1].

Le projet Lemire est une reprise du *Homestead* américain qui fonctionne avec succès aux États-Unis où, sur les 49 États, territoires organisés et district fédéral, le Rhode-Island, la Pensylvanie, le Delaware, l'Orégon et le district de Columbia sont les seuls à ne pas l'avoir introduit dans leur législation. Ce n'est donc pas un système conjectural et livré aux hasards de l'inconnu et de l'imprévu. Ce qui est nécessaire, c'est de l'adapter à notre pays en tenant compte de nos lois, de nos mœurs et de nos habitudes.

L'objection qu'on oppose est que le crédit sur gage matériel serait diminué. Mais on répond qu'une cause de ruine de la petite agriculture

1. Voir la proposition de loi Lemire (texte et exposé des motifs) à *l'Annexe n° 818 du Procès-verbal de la séance du 18 juillet* 1894. Le texte et l'analyse s'en trouvent également dans *le Développement du catholicisme social*, par Max Turmann, p. 144, Paris, Alcan, 1900. L'ouvrage de M. Turmann est d'ailleurs à consulter en entier pour se rendre compte de la part prise par les catholiques dans la solution des questions ouvrières en ces dernières années. — Le projet Lemire est aussi reproduit dans l'ouvrage *le Pape, les Catholiques et la Question sociale*, par Léon Grégoire (Georges Goyau), p. 375, Paris, Perrin. Sur le mouvement catholique social en général, consulter *Autour du Catholicisme social*, par Georges Goyau, 2 vol.

française est précisément la dette hypothécaire, et que, pour le paysan, le crédit doit être personnel et fondé sur un système de solidarité entre gens notoirement solvables. C'est d'ailleurs en partant de cette idée que les chefs du mouvement syndical agricole en France ont travaillé à l'organisation de caisses de crédit Raffeisen, semblables à celles qui existent déjà en grand nombre à l'étranger. Le crédit du paysan doit, d'après ce système, reposer non sur un gage matériel — sa propriété étant placée à l'abri des poursuites et des saisies — mais sur son crédit personnel, son travail, sa moralité, l'avenir de son exploitation, le tout sous la garantie de membres de la même association. Cette sorte de système mutualiste implique évidemment un certain degré de culture sociale chez ses adhérents et une haute idée à la fois de personnalité et de solidarité[1].

A la même époque que M. l'abbé Lemire, M. Léveillé déposait une proposition de loi basée sur le même principe de l'insaisissabilité. D'après cette dernière le « bien de famille » doit comprendre une habitation et un enclos, le tout ne devant pas dépasser, lors de la fondation, une valeur de 12.000 francs, y compris les meubles et outils professionnels. De même, il ne sera considéré comme bien de famille que si le fondateur l'occupe et l'exploite.

Les gouvernements étrangers se sont déjà sérieusement inquiétés de réagir contre les causes

---

1. Voir *Notes sur les Caisses de Crédit agricole*, par H. Beauregard (Bibliothèque de l'Union du Sud-Est) et *Manuel pratique des Caisses rurales*, par Louis Durand.

de désagrégation de la petite propriété foncière et de faciliter l'accès de cette propriété aux classes laborieuses par des dispositions législatives et par des avantages fiscaux. En Allemagne, en dehors de la loi sur les *rentengüter*, le parti du centre et le parti conservateur ont décidé de déposer au Reichstag le projet de loi, dont voici l'analyse du début :

§ 1. — Peut constituer un « heimstatte », tout ressortissant de l'empire allemand âgé de vingt-quatre ans accomplis. Cette constitution se fait par l'inscription dans le livre des « heimstatte » d'une propriété qui réponde aux conditions de la loi.

§ 2. — Les dimensions du « heimstatte » ne doivent pas dépasser celles d'une ferme de paysan. Il doit pouvoir loger au moins une famille et servir à la production agricole.

Font partie du heimstatte :

1° La demeure du propriétaire du heimstatte ;

2° Les bâtiments de culture nécessaires ;

3° L'outillage indispensable à l'exploitation agricole, le bétail et les champs marqués à l'inventaire, les fumiers existants ainsi que les produits agricoles indispensables à la continuation de l'exploitation jusqu'à la prochaine récolte.

§ 3. — La propriété transformée en heimstatte ne peut être grevée de dettes que pour la moitié de sa valeur et ces dettes ne peuvent être que des rentes ou des annuités qui devront s'éteindre par amortissement. La constitution du heimstatte présume la conversion des hypothèques et des dettes qui frappaient la terre en rentes amortissables ou en annuités.

Il y a dans le même ordre d'idées une loi danoise sur les biens de *husmand*, une loi anglaise sur les *small holdings*.

En Belgique, la loi du 20 juin 1897 réduit les

droits d'enregistrement et de transcription pour les acquisitions de petites propriétés rurales : « L'idée-mère du projet, dit le rapport au roi, est de faciliter la constitution, entre les mains du cultivateur et de l'ouvrier agricole, d'un patrimoine modeste, mais suffisant pour former le fond d'une petite exploitation. » Cette loi s'applique aux immeubles dont le revenu cadastral n'excède pas 200 francs.

Les idées qui précèdent sont nées, en réalité, des nécessités sociales et économiques communes à tous les pays dans les temps actuels. C'est par une sorte d'entente internationale, qu'elles semblent maintenant faire leur chemin. En France, elles viennent d'accomplir un pas décisif et de recevoir leur consécration officielle. Le 29 décembre 1903, la Commission de l'Agriculture de la Chambre des députés a voté à l'unanimité le principe de la constitution du bien de famille. Elle a pris comme base de discussion les propositions d'initiative parlementaire, en première ligne celle de M. Louis Martin, en seconde ligne celle de MM. Lemire et Lebaudy. Enfin, elle a chargé son rapporteur de s'entendre avec le ministre de l'Agriculture au sujet de cette question.

Quelques jours d'ailleurs auparavant, le Ministre de l'Agriculture lui-même, M. Mougeot, avait transmis au Conseil d'État, pour le soumettre à son examen, un projet de loi ayant pour but d'introduire dans la législation française l'institution américaine du *homestead*, c'est-à-dire d'appliquer à la petite propriété rurale, dans des conditions déterminées, le privilège de l'insaisissabilité.

Voici les termes dans lesquels une note d'allure officielle, communiquée en même temps aux journaux, a rendu compte de l'économie de ce travail :

M. Mougeot justifie l'opportunité de son projet sur la constitution et le régime du bien de famille par la nécessité de défendre la petite propriété rurale contre la licitation, l'hypothèque, la saisie, qui sont les principaux éléments de démembrement, de destruction de la petite propriété foncière française. L'insaisissabilité du bien patrimonial entraîne comme conséquence la défense d'hypothéquer : la véritable base du crédit agricole, depuis la création des caisses de crédit agricole mutuel, doit être le crédit personnel et non le crédit immobilier ou hypothécaire, en raison des formalités et des frais qu'il entraîne pour la réalisation du gage. D'après le projet du Ministre de l'Agriculture, tout chef de famille, jouissant des droits civils, pourra constituer un bien de famille insaisissable d'une valeur inférieure à 6.000 francs. Il pourra vendre ce bien. Interdire l'inaliénabilité et immobiliser ainsi le bien de famille serait aller trop loin à notre époque, avec les exigences actuelles du crédit. Le défaut de mobilité de la propriété foncière diminue sa valeur vénale. Des dispositions, empruntées à la loi sur les habitations à bon marché, permettront d'éviter le partage et le morcellement du bien, ou la licitation au profit d'un tiers. La réduction des droits d'enregistrement ou de mutation facilitera l'acquisition des petits immeubles à une catégorie déterminée d'acquéreurs.

Telle est l'économie générale du projet de loi de M. Mougeot, en vue de faciliter aux classes laborieuses la constitution et la conservation d'un bien de famille. Dans la pensée du ministre, une institution de ce genre, introduite dans nos lois, aurait une haute portée sociale : elle contribuerait à arrêter l'émigration de la population rurale vers les centres urbains et à favoriser, par un mouvement d'émigration de la propriété urbaine, la repopulation de nos campagnes.

Là en est actuellement la question en France, et nous puisons dans la bonne volonté de tous les partis un motif de confiance. Nous espérons, en effet, avoir suffisamment montré que, si la propriété paysanne n'est pas encore irrémédiablement compromise, elle est menacée par des conditions économiques nouvelles. Lors même qu'elle ne serait pas en danger immédiat — ce qui n'est pas prouvé — elle mérite l'attention des économistes, la sollicitude des législateurs et de tous ceux qui ont souci de la paix sociale. La constitution d'une classe moyenne agricole à une époque où l'agriculture se spécialise dans certaines régions et s'industrialise dans toutes, où la natalité diminue dans les campagnes et où celles-ci se dépeuplent en outre par l'émigration vers les villes, l'affermissement enfin de cette classe moyenne entre les grands propriétaires fonciers et le prolétariat rural, tels sont les points sur lesquels il convient d'insister à l'époque actuelle, car il serait assurément dangereux de s'endormir dans un optimisme injustifié.

DEUXIÈME PARTIE

I

LES SOCIÉTÉS DE SECOURS MUTUELS

CHAPITRE I

IMPORTANCE CROISSANTE DES SOCIÉTÉS DE SECOURS MUTUELS. — POPULARITÉ DU MOUVEMENT MUTUALISTE. — SON MANQUE D'ORIENTATION.

Il est une question naissante : celle des sociétés de secours mutuels, bien que, sous d'autres noms, elles existent en réalité dans notre pays depuis le moyen âge et que, plus récemment, il y a un demi-siècle, elles aient obtenu une reconnaissance légale. Mais, naguère encore, l'idée d'association, si violemment combattue par la Révolution, était suspecte à la fois aux gouvernements pour son caractère libéral et au public comme un symptôme précurseur de l'émancipation ouvrière. Sur le terrain mutualiste, comme sur d'autres, elle n'était pas capable de donner les fruits qu'on était en droit d'en attendre. Il a fallu que, dans ces dernières années, sous la pression d'événements plus forts que les principes, l'heure sonnât à la fois pour tous les modes de l'association économique. Les sociétés de secours mutuels ont participé au mouvement général dans des proportions particulièrement intéressantes et la loi du 1er avril 1898, qui les concerne, a définitivement déterminé un courant d'opinion dont l'intensité va chaque jour croissant. D'où vient cet engouement qui a déjà donné naissance à un certain nombre de ligues ayant pour mission de développer les œuvres de mutualité et de prévoyance? Pourquoi d'autres ligues, qui n'avaient pas d'abord en vue la propagande mutualiste et qui semblaient notamment, pour ne citer qu'un exemple, se confiner de préférence dans les questions pédagogiques, ont-elles pris tout à coup cette cause en main avec une ardeur qu'on peut bien qualifier de passionnée, car elles y ont mis une énergie qu'on n'apporte ordinairement que sur le terrain politique ou religieux? D'autre part, il est peu d'exemples d'une œuvre humanitaire, si belle soit-elle, qui, sollicitant les efforts de chacun et comportant l'adhésion de tous les partis, obtienne secours et subventions de l'État sans distinction d'opinions chez les bénéficiaires. Il est permis de supposer qu'en dehors de la vertu propre de l'institution, il en est, parmi ses promoteurs, qui fondent sur elle de secrets espoirs ; et nous sommes loin de déplorer ce calcul intéressé si l'œuvre, excellente en soi, doit tirer profit de cette émulation, et si le développement doit ensuite s'en effectuer dans une orientation rationnelle que le temps et les circonstances se chargeront d'indiquer.

Ce qui, nous l'avouons, nous met en légère défiance à l'égard, non des société de secours mutuels, mais plutôt de la bruyante campagne que l'on mène autour d'elles, c'est un peu l'emphase coutumière avec laquelle on en célèbre les avantages ; ce sont aussi les tendances, faciles à noter, de quelque-uns de ceux qui s'en occupent. Il semblerait en effet qu'aux œuvres mutualistes, dans la pensée de ceux-ci, soit dévolue la redoutable mission d'être l'application pratique de cette doctrine de la solidarité, mise naguère à la mode, de même que, pour d'autres, les œuvres charitables sont elles-mêmes la conclusion logique et effective de la morale chrétienne. La mutualité, selon nos penseurs, c'est la forme scientifique d'altruisme qui doit tenir lieu de dévouement au prochain dans la nouvelle religion qu'on nous promet. Le développement de ses institutions sera l'œuvre pie qui libérera la conscience de ceux qui, par-dessus tout, craignent d'employer le mot de fraternité chrétienne. Reste à savoir si celle-ci n'a pas marqué, à leur origine, les sociétés de secours mutuels de son empreinte, comme elle l'a fait pour la plupart des œuvres de bienfaisance qui ont déjà une certaine durée derrière elles, car nous verrons, il faut que l'on en prenne son parti, que les sociétés de secours mutuels, historiquement d'origine chrétienne, sont des institutions autant de bienfaisance que de mutualité.

Il y a donc nécessité à remettre toutes choses au point, d'abord pour ne pas laisser accaparer par un parti, qui n'en a pas la paternité, une œuvre excellente par elle-même, et qui doit appartenir à tout le monde, ensuite pour étudier l'orientation vraiment pratique et féconde à donner au mouvement mutualiste.

Le mot mutualité, d'ailleurs, est encore un terme vague pour beaucoup. Dans les harangues officielles et dans la presse on en célèbre les bienfaits sans préciser souvent sous quelle forme il est loisible aux intitutions mutualistes de s'exercer. Ce qui n'empêche que l'on voit aujourd'hui se créer le plus fréquemment des sociétés de secours mutuels dont les membres pensent de même sur les questions politiques ou religieuses qui nous divisent : travail de classement tellement naturel et conforme aux tendances de l'esprit public dans notre pays qu'il est accompli presque inconsciemment par les divers partis. Mais chacun se garderait bien d'en convenir, puisque dans les statuts-modèles donnés par le ministère de l'Intérieur est écrite la phrase sacramentelle : « Toute discussion politique ou religieuse, ou étrangère au but de la société, est interdite dans les réunions du Conseil et de l'Assemblée générale », formule vaine et quelque peu hypocrite, mais qu'il serait cependant dangereux de supprimer.

Une loi et des décrets de date récente ont donné un nouvel essor aux sociétés de secours mutuels, essor quelque peu désordonné pour des causes que nous nous réservons d'étudier, mais d'ailleurs si réel qu'il a eu pour premier effet de n'amener dans cette question que chaos et confusion. Combien de candidats aux dernières élections législatives ont inscrit en tête de leur boniment électoral la mutualité comme le grand remède à toutes les misères sociales! C'est la mutualité qui doit protéger le travailleur contre la maladie, l'invalidité et même le chômage! Elle assurera l'existence de sa veuve et de ses orphelins! Elle résoudra, affirme-t-on un peu fort, le problème des retraites ouvrières, ce qui est bientôt dit, mais demeure un moyen commode de ne pas serrer de près la question, et pour cause. La mutualité répond à toutes les demandes indiscrètes : c'est la panacée universelle. Dans une de ces agapes dont sont coutumiers les mutualistes, M. Léon Bourgeois s'écriait un jour : « Qu'elles (les sociétés de secours mutuels) se multiplient, s'unissent et se soudent étroitement, qu'elles soient ainsi l'assise de la société nouvelle, comme elles sont dès maintenant le symbole de l'union qui doit y régner. C'est à vous, mutualistes, qu'appartient le lendemain, etc. »

De son côté, dans une fête de société de secours mutuels, parlant de progrès accomplis depuis un temps récent, M. Waldeck-Rousseau, alors président du Conseil, ajoutait : « Si l'on réfléchit que ce résultat a été conquis en moins de trente années, on a le droit de dire sans témérité que la mutualité aura, dans l'ordre social, accompli une révolution pacifique, la plus féconde qu'aient jamais enregistrée les annales du peuple. » (*Applaudissements prolongés.*) Ceci est évidemment la partie hyperbolique de rigueur dans toute harangue officielle, et il faut pardonner ce passage à celui qui fit voter la loi de 1884 sur les syndicats professionnels, institution qui nous semble avoir une portée sociale autrement grande que les sociétés de secours mutuels.

D'autres hommes politiques, et non des moins en vue, se sont faits les apôtres de la nouvelle religion. Dire que celle-ci sera la base de la société nouvelle, d'autant qu'on ne semble habituellement viser que les sociétés de secours mutuels, alors que, dans la mutualité, on doit comprendre tant de formes ingénieuses de coopération, de caisses de crédit et d'assurances, cela peut paraître excessif. Avant de se prononcer, sans doute serait-il à propos d'examiner ce que sont au juste nos sociétés de secours mutuels, dont trop de gens parlent sans en avoir étudié les principes ni le fonctionnement, d'ailleurs quelquefois compliqué.

Rappelons d'abord, non pour combattre le courant actuel des idées, mais pour noter des opinions encore récentes, que la mutualité est loin d'avoir toujours joui d'une telle faveur. On connaît trop l'article 2, si souvent cité, de la loi du 14 juin 1791 interdisant aux citoyens d'un même état ou profession de se réunir pour délibérer sur leurs « prétendus intérêts communs ». Ainsi l'Assemblée constituante, dont la législation a été sans cesse imprégnée de l'idée abstraite de lutte, repoussait, il y a cent ans, une organisation rationnelle et pratique du travail ; mais on sait moins que le vote de ce décret fut amené par les pétitions que, depuis plusieurs mois, les corps de métiers, charpentiers, maçons, serruriers, imprimeurs, faisaient parvenir à l'Assemblée afin qu'il leur fût permis de se réunir pour procurer des secours à leurs camarades malades ou sans travail. Les pétitionnaires s'étaient d'abord adressés à la municipalité parisienne, qui leur avait donné gain de cause. Mais, dans le rapport qui précéda le texte du projet de loi, le député Le Chapelier écrivit ce qui suit : « Les assemblées dont il s'agit ont présenté, pour obtenir l'autorisation de la municipalité, des motifs spécieux. Elles se sont dites destinées à procurer des secours aux ouvriers de même profession malades ou sans travail. Ces caisses de secours ont paru utiles, mais qu'on ne se méprenne pas sur cette assertion : c'est à la Nation, c'est aux officiers publics en son nom, à fournir des travaux à ceux qui en ont besoin pour leur existence, et des secours aux infirmes. Les distributions particulières de secours, lorsqu'elles ne sont pas dangereuses par leur mauvaise administration, tendent au moins à faire renaître les corporations. Elles exigent la réunion fréquente des individus d'une même profession, la nomination de syndics et autres officiers, la formation de règlements, l'exclusion de ceux qui ne se soumettraient pas à ces règlements : c'est ainsi que renaîtraient les privilèges, les maîtrises, etc., etc. »

Dans le débordement de discours sentimentaux, philanthropiques et humanitaires des hommes de la Révolution il n'est pas fait une fois allusion aux avantages de la mutualité. Depuis lors l'Assemblée constituante a passé, puis la Convention et encore beaucoup d'autres régimes. La Nation, qui devait donner aux citoyens travail et nourriture, n'a pas tenu ses promesses ; et voici que les hommes d'aujourd'hui qui se réclament à tout propos des grands ancêtres semblent oublier la doctrine de ces derniers, sur ce point comme sur tant d'autres. Il faut donc croire que la Révolution a commis alors une colossale erreur dont, de parti pris, on a mis un siècle à s'apercevoir. Cependant, la mutualité, proscrite par la Constituante, devait avoir du bon, puisque, maintenant, c'est plus qu'un retour en arrière, ou une simple réaction, c'est une véritable poussée qui semble entraîner, mêlés avec les libéraux, des hommes considérés comme les héritiers de la doctrine jacobine. Il est vrai que les uns et les autres, individualistes chacun à leur manière, peuvent chercher dans les mutualités, même professionnelles, un moyen d'échapper à l'organisation du travail.

Au surplus, ce qu'il est intéressant d'examiner, c'est si la société de secours mutuels, telle que la législation la comporte aujourd'hui en France, est une institution d'une véritable portée sociale, ou une simple combinaison financière de prévoyance. Dans ce dernier cas, elle nous intéresserait moins : nous avons les compagnies d'assurances qui remplissent une notable partie des objets poursuivis par les mutualités et qui se tirent fort bien d'affaire. Il pourrait aussi se faire que ce fût une institution économique, il est vrai, mais capable de corroborer puissamment l'efficacité d'un autre genre d'association de plus grande envergure, et cela devient déjà plus curieux à savoir. Mais si, dans l'engouement parfois irréfléchi pour cette œuvre, si, dans cette éclosion spontanée, depuis la loi du 1er avril 1898, d'une quantité importante de sociétés de secours mutuels de toute origine, surgies au hasard sur tous les points du territoire pour des motifs qui souvent n'ont rien d'économique, ni d'humanitaire, mais sont parfois d'ordre politique, religieux ou simplement futile, nous nous efforçons de discerner la direction à donner à un mouvement prenant aujourd'hui l'enfant sur les bancs de l'école, nous aurons, pensons-nous, fait œuvre utile. Il ne suffit pas de pousser à tort et à travers à la multiplication, sans réflexion ni limite, du plus grand nombre possible de sociétés de ce genre, sans s'occuper du lendemain; sans penser que beaucoup de ces associations ne seront pas viables; sans songer que les capitaux versés dans leurs caisses, ou, en leur nom, dans les caisses de l'Etat, resteront improductifs pour les principaux intéressés. Il importe, avant toute chose, d'examiner si ce mouvement n'est pas capable de nuire au développement d'autres institutions, parmi lesquelles nous placerons au premier rang les associations professionnelles qui doivent servir de base à l'organisation du travail. Parlant des sociétés de secours mutuels, un spécialiste dans la matière, M. Barberet, écrivait : « Nous ne blâmerions pas cette prévoyance si les ressources de l'ouvrier le permettaient. Mais, s'il verse à la société de secours mutuels, il est incapable de verser une seconde cotisation au syndicat. Et, puisqu'il est prouvé qu'en entreprenant deux choses à la fois, les ouvriers ne peuvent faire prospérer l'une sans négliger l'autre, il devient raisonnable de n'entreprendre que l'œuvre la plus utile. Or, la plus utile, celle dont il faut s'occuper sans relâche, quitte à laisser tomber les autres questions économiques pendantes, c'est l'organisation du travail. »

N'est-il pas audacieux de prétendre que l'avenir

est à la mutualité seule, terme vague, système flottant et mal défini dans lequel viendront s'entre-choquer des forces contraires au fur et à mesure que les sociétés de secours mutuels auront restreint leur champ d'action et seront conduites à se faire concurrence les unes aux autres ? C'est en nous efforçant de canaliser les courants mutualistes, comme nous allons essayer de l'indiquer, que nous pourrons arriver à l'agrégation rationnelle des forces sociales de notre pays. L'avenir est à l'association, mais à une association se présentant sous une forme infiniment plus complexe qu'une société de secours mutuels fondée sur des combinaisons économiques et financières, quelque relevé qu'en soit le caractère par les idées de fraternité humaine qui ont présidé à sa fondation. Quelle place doit-on donner à la société de secours mutuels dans le nouveau régime d'organisation du travail dont la loi de 1884 sur les syndicats professionnels pourrait être le point de départ ? Tels sont, nous semble-t-il, les termes dans lesquels doit être posé le problème. Alors seulement il sera loisible d'indiquer les moyens de tirer du mouvement mutualiste actuel, assurément désordonné, le meilleur rendement au point de vue de l'effet social utile.

CHAPITRE II

Un court aperçu historique sur l'origine des sociétés de secours mutuels peut paraître intéressant au début de cette étude. Disons d'abord que la mutualité est vieille comme le monde. Elle puise son principe dans un des sentiments les plus naturels à l'homme, et c'est ce qui explique, au point de vue social, la nécessité de tenir compte de son développement. Quand ce n'eût été que pour se porter à la guerre une aide réciproque, les hommes eussent commencé à s'associer. Puis il agissent de même pendant la paix. Théophraste, au ivᵉ siècle avant Jésus-Christ, parle de sociétés de secours mutuels assez semblables aux nôtres. Selon lui, il existait chez les Athéniens et dans les autres états de la Grèce des associations possédant des fonds appartenant en commun à leurs membres. Cette bourse était alimentée par des cotisations mensuelles et le produit en était distribué en secours, le cas échéant, aux membres de l'association[1].

Chez les Romains il y eut des collèges où les ouvriers étaient assurés de ne jamais manquer de salaires ni de subsides et s'entretenaient sur les ressources de la corporation. Celle-ci possédait un fonds commun *arcam communem* et des biens dotaux *dotalia funda*. Il y avait en outre des collèges funéraires qui étaient des associations de pauvres gens désireux d'être assurés de recevoir les honneurs funèbres après leur mort. On sait que, d'après la religion romaine, le sort des âmes dépendait des rites d'ensevelissement et qu'elles étaient destinées à errer misérablement tant qu'elles n'avaient pas reçu les honneurs funèbres. Le droit d'entrée dans ces sociétés dépassait parfois 100 sesterces et la cotisation mensuelle était de quelques as ou centimes.

Les ghildes du moyen âge, païennes à leur début, ont été souvent décrites. La ghilde scandinave se formait entre convives des mêmes banquets célébrés à certaines époques solennelles. On ne s'y bornait pas à se promettre assistance par les armes et à venger, le cas échéant, les injures les uns des autres. Les membres s'engageaient à s'indemniser réciproquement des dommages survenus à la guerre ou ailleurs, à se soigner entre compagnons en cas de maladie et à se rendre les derniers devoirs. La religion chrétienne vint plus tard ajouter des pratiques pieuses aux usages des anciennes ghildes germaines[2].

1. Voir note 8 de Casaubon sur le chapitre xv de Théophraste.
2. Sur l'origine de la mutualité et sur son développement jusqu'à nos

Vers cette époque les communes de France, d'Allemagne et d'Angleterre, fournissent de nombreux exemples de sociétés d'aide et de secours mutuels entre concitoyens. L'agrégation urbaine n'est-elle pas elle-même le développement naturel de cette idée ? Mais cette mutualité primordiale de la commune se fragmente elle-même en d'autres mutualités de seconde venue formées entre gens ayant les mêmes intérêts respectifs dans la cité, c'est-à-dire appartenant aux mêmes corps de métiers.

La corporation du moyen âge, fortement imprégnée d'esprit chrétien, ne manquait pas de s'occuper de la protection des faibles. Dans les statuts de la corporation il y avait un ensemble de prescriptions d'assistance mutuelle concernant le maître, le compagnon ou l'apprenti, ainsi que leurs femmes, leurs veuves et leurs enfants. Les vieillards de la profession n'étaient pas non plus oubliés. On a souvent cité à ce sujet les statuts des corporations de selliers, pâtissiers, chaussetiers, savetiers, serruriers, etc., de la ville de Paris.

Le compagnonnage qui constituait une association d'un type spécial entre ouvriers, introduisit parmi ces derniers des idées de mutualité. Dans les associations de compagnons les frères soignaient les malades et leur donnaient des secours de route ou une indemnité de convalescence. « S'il y a quelque compagnon que Dieu appelle

jours, consulter *le Paupérisme et les Associations de Prévoyance*, par Laurent, 2 vol., 1865, et *les Sociétés de secours mutuels*, par Sérullaz, 1 vol., 1890.

de ce monde en l'autre, les compagnons seront tenus de le faire enterrer et d'assister à son enterrement, de faire prier Dieu pour le repos de son âme, ensuite d'écrire de ville en ville pour faire prier Dieu pour lui. » (Art. 13 du règlement des menuisiers de Mâcon [1].)

Mais quand, bien avant le xviiie siècle, survint la décadence des institutions ouvrières de l'ancien régime, la loi de charité réciproque, qu'avait imprimée le christianisme sur la société d'alors, disparut-elle pour cela des mœurs? Bien au contraire. Dans le sein des corporations, ou à côté d'elles, avait germé une autre forme de l'association, celle-ci uniquement pieuse et charitable, la confrérie. Professionnelles ou paroissiales, fréquemment les deux à la fois, les confréries se multiplièrent, sous l'influence du clergé. Le concile d'Avignon, en 1649, prescrivit l'organisation d'une confrérie dans chaque paroisse. Placée sous le vocable d'un saint, chacune avait sa fête patronale, sa bannière, ses banquets, allait aux processions en corps et détenait jalousement ses préséances à l'église. On s'y occupait exclusivement de bienfaisance, d'assistance et de pratiques pieuses. On y payait une cotisation et un droit d'entrée. L'âme de toutes ces organisations c'était la loi de la charité chrétienne que l'Église imposait aux fidèles les uns envers les autres et qui faisait alors un des principaux fondements des rapports sociaux. Ces confréries existaient aussi

---

1. Cf. *le Compagnonnage*, par Et. Martin Saint-Léon, Paris, Colin, 1901, p. 51. — Cf. du même auteur, *Histoire des Corporations de métiers*, Guillaumin, 1897, p. 158.

bien dans les campagnes que dans les villes et déjà l'on y remarquait des membres honoraires, puisqu'il arrivait aux seigneurs d'en faire partie.

Si puissante était la force de cette institution des confréries, telles étaient la vivacité de leur raison d'être et la réalité du besoin auquel elles répondaient, que la Révolution elle-même, malgré tant de prescriptions et de décrets hostiles aux associations, ne put les faire entièrement disparaître. En 1853, un rapport officiel énumérait 43 sociétés de secours mutuels, créées avant la Révolution, et qui n'étaient autres que d'antiques confréries, recrutées parmi des gens de même profession.

Si nous examinons par ordre d'ancienneté les premières sociétés de secours mutuels, nous ne saurions nous arrêter à celle des portefaix de Marseille qui prétend remonter aux Romains. Plus près de nous, on cite, à Lille, des sociétés de secours mutuels qui pourraient produire des titres du XVIe siècle. La plus vieille de celles qui ont date officielle sur l'*Annuaire du Ministère de l'Intérieur* est une société de secours mutuels de Cadillac, dans la Gironde, qui, fondée en 1609, a gardé son nom de Confrérie de Saint-Jean. Elle compte aujourd'hui 7 membres honoraires et 110 membres participants.

La Société de secours mutuels de Sainte-Anne, à Paris, remonte à 1694 et portait, à son origine, le titre de « Confrérie et société hospitalière des compagnons menuisiers et habitants du Temple sous l'invocation de sainte Anne ». La Société panotechnique de prévoyance, également encore existante à Paris, date de 1720. C'était une confrérie placée sous l'invocation de Notre-Dame de la Nativité. Il existait dans la capitale, il y a quelques années, 13 sociétés antérieures à 1799. Il en est qui ont déjà disparu ou se sont fondues dans d'autres. Du moins les anciennes confréries ont-elles l'honneur d'avoir légué aux sociétés qui leur ont succédé le principe et la tradition de la charité chrétienne, qui y trouve encore un terrain suffisant pour se mouvoir à l'aise. Pour témoigner de l'empreinte de la religion dans les sociétés actuelles de secours mutuels, il suffit de noter, dans l'Annuaire de 1902, le nombre encore considérable de celles qui sont désignées sous un nom d'origine pieuse. En 1865, dans la Gironde, la moitié des sociétés était placée sous le vocable d'un saint. A Marseille, c'était la presque totalité : 153 sur 160. En 1899, on trouve encore, dans la Gironde, 254 sociétés avec des dénominations religieuses sur 598 ; à Marseille, 137 sur 318.

Mais la religion catholique ne fut pas seule à mettre en œuvre le principe de la mutualité. Elle fut imitée dans ses confréries par les Israélites, qui fondèrent à Bordeaux, dès 1750, la Société de Grémilhout-Hassadin, encore existante, et la Société de Tob-Bacob. Vers 1835, furent instituées à Paris et à Lyon les premières sociétés protestantes de prévoyance et de mutualité.

La franc-maçonnerie a pu passer aussi pendant quelque temps pour une vaste société de secours mutuels, par suite de l'habitude qu'avaient certaines loges d'accorder, en cas de maladie, des indemnités à leurs membres. En 1805, 5 sociétés sur 6, dans le ressort de la Chambre de commerce de Calais, dépendaient des loges. Une société de la Gironde n'admettait dans son sein que des francs-maçons. Nous examinerons plus loin les conditions politiques et religieuses dans lesquelles se meuvent actuellement les sociétés de secours mutuels, bien que dans les statuts, tout au moins des sociétés approuvées, soit inscrite la défense de soulever toute discussion politique ou religieuse.

Nous avons vu comment les tentatives de reconstitution d'associations mutualistes avaient échoué, le 14 juin 1791, devant l'hostilité de l'Assemblée constituante. Les anciennes confréries, qui avaient subsisté en fraude pendant la période révolutionnaire, se contentèrent, à partir de cette époque, de vivre sous le régime commun aux associations, c'est-à-dire celui des articles 291-292 du Code pénal, avec leurs dispositions et contrôle restrictifs. Telle était, dans les régions du pouvoir, la peur de voir se reconstituer les corporations, qu'en 1806 la police exigea que les sociétés de secours mutuels, qui se formaient alors, fussent composées d'ouvriers appartenant à des professions différentes. On trouve dans les statuts de certaines sociétés, dans la première moitié du XIXe siècle, une déclaration portant que les membres, « fidèles observateurs de la loi du 14 juin 1791, n'entendaient nullement rappeler, former, ni représenter une corporation, qu'ils ne s'occuperaient que du soulagement de leurs frères ». Mais cet instinct de l'association mutualiste à base professionnelle était tellement passé dans les veines du pays que déjà, dès le début du xix⁰ siècle, à Bordeaux, tous les corps de métiers se reforment peu à peu en sociétés de secours mutuels. A Lyon, les tisseurs, maçons, charpentiers, cordonniers, jardiniers, portefaix, se réunissent respectivement pour le même objet. A Marseille, un mouvement analogue emporte les classes ouvrières. Le nombre des sociétés, malgré les entraves législatives et administratives, progresse bon an mal an. De 1808 à 1821, 124 sociétés se créent à Paris. En 1822, la Société philanthropique y compte 132 sociétés adhérentes comprenant 10.350 ouvriers réunis en communauté d'épargne et de prévoyance. A Marseille, il y a 34 sociétés en 1820. De 1830 à 1848, 72 sociétés se fondent à Lyon. A Paris, on en compte 234 en 1842, 256 en 1844, 262 en 1845, 344 en 1851. Partout il s'en établit, mais beaucoup disparaissent faute de ressources, par mauvaise administration ou imprévoyance, ou pour avoir embrassé un nombre et une diversité d'objets auxquels il est impossible de suffire.

Il y avait aussi, dans l'opinion publique, la crainte des sociétés secrètes qui portait à confondre parfois celles-ci avec les sociétés de secours mutuels. On redoutait, dans toute association, un élément de coalition et de grève, et ce sentiment avait bien quelque fondement. Sous prétexte de secours mutuels, plusieurs sociétés, vers le milieu du siècle, se consacrèrent en effet presque exclusivement à la résistance ouvrière et à la défense des intérêts professionnels [1]. Tels les chapeliers-

---

1. *Syndicats ouvriers, Fédérations, Bourses du travail*, par Léon de Seilhac, 1 vol. 1902.

fouleurs de Paris en 1817, les Mutuellistes de Lyon, dont le mouvement pour l'abaissement des tarifs aboutit aux insurrections de 1831 et 1834. Une autre société secrète fut la Société typographique de Paris, qui établit, en 1843, un premier tarif des travaux typographiques et compta 1.200 membres. Les fondeurs en caractères et les imprimeurs en papiers peints créèrent également des caisses secrètes de résistance. En réalité, la grève et la coalition semblaient entrer dans les principales préoccupations de plusieurs associations mutualistes.

En 1848, la question des sociétés de secours mutuels, comme toutes les questions ouvrières, fut mise à l'ordre du jour. La liberté de réunion et d'association, décrétée par l'Assemblée nationale, était favorable à leur développement. Le 15 juillet 1850, fut votée une loi par laquelle les sociétés de secours mutuels purent être reconnues comme établissements d'utilité publique, à la condition de ne pas inscrire dans leurs statuts des secours en cas de chômage, afin de ne pas favoriser les grèves. Enfin, le décret organique du 26 mars 1852, qui marque dans notre pays le pas décisif dans l'histoire de la mutualité, n'eut pas seulement pour effet de prémunir les sociétés contre leurs vices d'organisation intérieure, mais, en leur assurant la personnalité civile, des subventions et une protection de l'État, il ouvrait devant elles tout un nouvel avenir. Le décret-loi débutait ainsi :

ARTICLE PREMIER. — Une société de secours mutuels sera

créée par les soins du maire et du curé dans chacune des communes où l'utilité en sera reconnue. Cette utilité sera déclarée par le préfet après avoir pris l'avis du Conseil municipal.

Art. 2. — Ces sociétés se composent d'associés participants et de membres honoraires. Ceux-ci payent les cotisations fixées ou font des dons à l'association sans participer aux bénéfices des statuts.

Une innovation du décret consistait dans la création d'une Commission supérieure chargée de provoquer et d'encourager la fondation et le développement des sociétés de secours mutuels. Cette Commission devait présenter au chef de l'État un rapport annuel sur la situation des sociétés et lui soumettre les propositions ayant pour but de développer et de perfectionner l'institution.

Le décret organique de 1852 posa la base de toutes les dispositions actuellement en vigueur. Il codifia et régularisa les usages assez épars concernant la matière, usages qui variaient selon les sociétés et les régions. Les associations furent gardées d'assez près en tutelle; en tous cas, elles pouvaient, à l'occasion, revêtir le caractère professionnel, et l'État n'en prenait plus ombrage. On avait marché depuis la loi Le Chapelier !

L'Empire ne cessa pas d'encourager l'institution des sociétés de secours mutuels, et la plupart des avantages financiers dont elles jouissent aujourd'hui prennent leur origine à cette époque. Le décret du 22 janvier 1852 avait décidé qu'une dotation de 10 millions, prise sur les biens de la famille d'Orléans, serait affectée aux sociétés de secours mutuels. Le décret du 26 avril 1856, relatif à la constitution d'un fonds de retraite, imputé sur cette même dotation, compléta cette importante mesure. Ce fut le point de départ de l'essor définitif des sociétés de secours mutuels. Au 31 décembre 1852, on en comptait 2.438 avec 263.554 membres. Elles n'ont cessé, depuis lors, de progresser d'une façon constante. En 1897, à la veille de la loi qui les régit actuellement, elles étaient au nombre de 11.325, comprenant 1.804.592 membres, dont 265.488 membres honoraires.

CHAPITRE III

LOI DU 1ᵉʳ AVRIL 1898. — STATISTIQUE DES SOCIÉTÉS DE SECOURS MUTUELS. — RÉSULTATS OBTENUS. — SUBVENTIONS ACCORDÉES A LA MUTUALITÉ.

La loi du 1ᵉʳ avril 1898 maintint tous les avantages accordés précédemment aux sociétés de secours mutuels et y en ajouta d'autres. Mais l'État, en leur concédant ses faveurs pécuniaires, conserva le droit de s'immiscer dans la gestion de leurs finances. Toutefois, par la suppression de nombreuses entraves législatives et administratives, la nouvelle loi constitue une étape importante dans la voie de la liberté et, par l'ensemble de ses dispositions, elle donne, comme on l'a dit, la véritable charte de la mutualité dans notre pays.

L'article 1ᵉʳ en est ainsi conçu :

Les sociétés de secours mutuels sont des associations de prévoyance qui se proposent d'atteindre un ou plusieurs des buts suivants : assurer à leurs membres participants et à leurs familles des secours en cas de maladie, blessures ou infirmités ; leur constituer des pensions de retraites ; contracter à leur profit des assurances individuelles ou collectives en cas de vie, de décès ou d'accidents ; pourvoir aux frais des funérailles et allouer des secours aux ascendants, aux veufs, veuves ou orphelins des membres participants décédés.

Elles peuvent, en outre, accessoirement, créer au profit de leurs membres des cours professionnels, des offices gratuits de placement et accorder des allocations en cas de chômage, à la condition qu'il soit pourvu à ces trois ordres de dépenses au moyen de cotisations ou de recettes spéciales.

Les sociétés se composent, comme par le passé, de membres participants et de membres honoraires ; en outre, par une disposition entièrement nouvelle, il peut être établi entre elles, en conservant à chacune son autonomie, des unions ayant pour objet de poursuivre en commun certains buts spéciaux, notamment le règlement des pensions viagères de retraites; l'organisation d'assurances mutuelles pour risques divers, et le service des placements gratuits.

Les sociétés de secours mutuels se divisent en sociétés libres, approuvées, ou reconnues comme établissements d'utilité publique. Les premières ne sont astreintes qu'au dépôt de leurs statuts à la sous-préfecture, et sont en partie affranchies du contrôle de l'Etat, mais ne profitent pas, comme les autres, de ses subventions, bonifications et allocations, ni des exemptions de certaines taxes. Elles ne peuvent non plus posséder des immeubles. Toutes les faveurs sont réservées aux deux autres catégories de sociétés. L'Etat ne peut d'ailleurs refuser l'approbation que dans des cas déterminés, mais, en retour, les sociétés approuvées doivent effectuer leurs placements dans les caisses d'épargne, à la Caisse des dépôts et consignations, en fonds d'État ou en valeurs garanties par l'État. Elles peuvent, en outre, pour leurs opérations, utiliser la Caisse nationale des retraites pour la vieillesse.

Nous n'avons nullement l'intention d'examiner la loi actuelle dans ses détails. La chose a déjà été faite. Ce qui est intéressant, c'est d'en étudier les conséquences au double point de vue matériel et social.

Et d'abord les résultats matériels sont déjà des plus encourageants. Certes nous sommes encore loin des *Friendly Societies* anglaises dont l'effectif et le capital, sans parler des caisses des Trade Unions, atteignent le double des chiffres français, mais la progression des sociétés de secours mutuels dans ces dernières années a été telle que, si les circonstances s'y prêtent, on peut entrevoir la possibilité d'arriver à un résultat dépassant celui obtenu en Angleterre[1].

Prenons le rapport sur les opérations des sociétés de secours mutuels pendant l'année 1901 adressé au Président de la République par le Ministre de l'Intérieur en 1903. Tout en regrettant de n'avoir pas un travail se rapportant aux opérations d'une année plus récente, nous y saisissons, malgré l'aridité d'une pareille étude, à travers un millier de pages presque exclusivement

---

1. Ce qui est particulier à la mutualité anglaise, c'est le nombre considérable des membres de certaines sociétés. Qu'on en juge :

Manchester Mity of Oddfellows................	1.123.000	membres
Ancien Order of forester......................	928.075	—
Grand United Order of Oddfellows.............	330.437	—
Independent order of Rechaleites..............	302.000	—
Acarts of oak	267.000	—
Loyal Order of Sherpherd.....................	220.322	—
National association friendly Society...........	115.000	—
Soit pour ces sept sociétés seulement..........	3.287.834	membres

mais il est vrai qu'à elles seules elles groupent plus de la moitié des adhérents des Friendly societies.

couvertes de chiffres, ce que déjà le mécanisme de la mutualité présente d'ingénieux dans nos villes comme dans nos campagnes.

L'ensemble des sociétés reconnues ou approuvées et des sociétés libres présentait, en 1901, les différences suivantes sur 1900 :

En 1900, il y avait 13.991 sociétés de secours mutuels; on en comptait 14.872 en 1901, soit en plus 881.

En 1900, les 13.099 sociétés qui ont adressé leur statistique à l'administration nombraient un effectif de 2.458.477 membres honoraires ou participants et possédaient un capital de 316 millions 757.364 fr. 08.

En 1901, le dénombrement des 14.186 sociétés ayant fourni leur état de situation annuelle se distribuait par 2.718.002 membres des deux catégories et un capital de 333.881.355 fr. 54, soit une augmentation de 259.525 membres et de 22.123.991 fr. 46.

Pour mieux faire ressortir l'accroissement d'importance des sociétés de secours mutuels dans les vingt dernières années, nous avons dressé le tableau suivant par périodes quinquennales.

Années	Nombre de sociétés libres et approuvées	Nombre de membres honoraires et participants	Capital
1881. . .	7.011	1.126.033	98.970.253
1886. . .	8.233	1.202.355	130.282.282
1891. . .	9.414	1.472.285	183.587.940
1896. . .	10.960	1.636.208	248.610.677
1901. . .	14.186	2.718.002	338.881.991

Les dernières années accusent un progrès important. Il est dû aux salutaires effets de la loi de 1898 et aussi au développement de la mutualité scolaire, qui a été poussée dans ces dernières années avec la plus grande énergie.

L'étude de ces différents chiffres est pleine de promesses. N'oublions pas cependant qu'il y a, en France, 36.000 communes et que, la majorité des associations étant urbaines et d'ailleurs souvent nombreuses dans la même ville, nous sommes loin d'avoir une société par commune rurale. En outre, parmi les membres honoraires, plusieurs versent une cotisation dans plusieurs sociétés et sont comptés le même nombre de fois dans les chiffres ci-dessus. Enfin, l'accroissement, constaté en 1901, dû surtout à la rapide extension des sociétés scolaires, se continuera-t-il? Après cette vigoureuse poussée qui, des écoles laïques, s'étend maintenant aux écoles libres, il se produira forcément un temps d'arrêt, faute de sujets à enrôler.

Les sociétés de secours mutuels sont de nature et d'importance si variables qu'il semble risqué d'établir des moyennes avec des éléments si différents. Ainsi, à côté de l'Association des artistes dramatiques, qui compte plus de 3.000 membres, avec un fonds de réserve de plus d'un million, de l'Union philanthropique du commerce (plus de 1.800 membres, avec un million et demi de fonds de réserve), de la France prévoyante (plus de 80.000 membres, avec près de 5 millions de fonds de réserve), de la Société des employés et ouvriers du chemin de fer d'Orléans (plus de 12.000 membres, avec plus de 3 millions de fonds de réserve), nous trouvons de nombreuses petites sociétés urbaines ou rurales comptant une vingtaine de membres participants, avec 1 ou 2 membres honoraires et quelquefois aucun. Il est vrai que les grandes sociétés de secours mutuels avec fonds de réserve importants, versés à la Caisse des dépôts et consignations, sont plutôt des sociétés de retraites profitant du taux de 4 1/2 0/0 consenti par l'État pour cette destination spéciale.

Afin qu'on se rende compte du rôle et des effets de la mutualité en France dans les circonstances actuelles, nous croyons utile de mettre sous les yeux le tableau suivant extrait du rapport du Ministre de l'Intérieur pour l'année 1900, et concernant les sociétés approuvées :

Nombre moyen de membres honoraires par société.	28
Nombre moyen de membres participants. . . .	158
Avoir moyen en fonds libres par société. . . .	13.240 fr.
— — par membre participant.	84 fr.
Cotisation moyenne par membre honoraire. . .	11 fr. 57
—. — participant. .	11 fr. 25
(Les enfants dont la cotisation moyenne est de 4 fr. 40 ne sont pas compris.)	
Malades. Proportion pour 100 sociétaires. . . .	34,28
Honoraires médicaux par malade.	10 fr. 71
Frais pharmaceutiques par malade.	14 fr. 88
Journées de malade payées en argent. Nombre moyen par malade.	21 52
Indemnités de maladie. Moyenne par malade. .	29 fr. 62
Dépense totale de maladie. Moyenne par malade.	55 fr. 21
Frais funéraires. Frais moyens par membre décédé.	66 fr. 30
Pension moyenne aux vieillards.	79 fr. 98

Secours aux veuves et aux orphelins. Moyenne
par membre secouru. . . . .   100 fr. 58
Secours aux vieillards infirmes et incurables. .   69 fr. 74
Proportion des sociétés approuvées possédant
un fonds de retraites. 46.76 0/0

Tels sont les résultats officiels. Notons que l'État, outre l'intérêt de 4 1/2 0/0 dont il a fait profiter les fonds déposés des sociétés, charge qui lui est revenue à 1.485.909 francs, a alloué, en 1901, des subventions diverses d'un total de 1.505.267 francs[1] aux sociétés ayant effectué des versements à la Caisse des retraites, plus une somme de 318.954 francs affectée aux majorations de retraite, plus 286.134 francs destinés aux sociétés ne constituant pas de pensions de retraite, et qu'il a, en outre, distribué 299.257 francs provenant des fonds prescrits des caisses d'épargne. Les subventions départementales et communales se sont élevées à 744.709 francs.

Le tableau donné ci-dessus porte en lui évidemment beaucoup plus de motifs d'espérance que de résultats acquis en ce qui concerne la solution des divers problèmes. Si les secours aux membres malades sont déjà appréciables et capables d'atténuer bien des besoins, les allocations aux veuves et aux orphelins, aux vieillards, aux infirmes et aux incurables ne sont pas seulement peu élevées, mais elles ne se distribuent qu'en petit nombre et seulement dans quelques sociétés. Quant aux pensions de retraite, le montant en est encore infime, et il ressort de la modestie de

---

1. Sur lesquels il faut compter 510.000 francs provenant des revenus de la dotation.

tous ces chiffres que nous n'en sommes encore qu'à l'ébauche d'un système économique apte à rendre des services décisifs.

De l'étude statistique qui précède, ce n'est donc pas le rapport encore, hélas! bien disproportionné entre le remède et le mal que nous voulons retenir; c'est plutôt la progression extrêmement rapide, dans ces dernières années, des sociétés de secours mutuels et la tendance de l'opinion publique à s'occuper de la question. On y saisit le début d'un mouvement qui, s'il est bien dirigé, peut mener loin. Mais c'est peut-être aller vite en besogne que de chanter déjà victoire, comme le faisait M. le Ministre de l'Intérieur dans la conclusion de son rapport de 1901 : « En résumé, disait-il, la mutualité française, qui n'a que cinquante années d'existence régulière, est maintenant sortie de ses limbes et prend un rapide essor. Elle répand ses bienfaits sur tout le pays. En assurant la sécurité aux populations laborieuses, elle consolide l'édifice républicain. Elle se dresse comme une barrière infranchissable devant l'armée du désordre : partisans des régimes déchus, partisans de la révolution sociale. » Outre le tableau, manifestement exagéré, des merveilles accomplies jusqu'à présent par la mutualité dans notre pays, il est permis de sourire de la dernière phrase, d'un effet quelque peu forcé et inattendu.

CHAPITRE IV

LA RETRAITE DANS LES SOCIÉTÉS DE SECOURS
MUTUELS. — PART DE LA BIENFAISANCE DANS LE
SYSTÈME ACTUEL. — MEMBRES HONORAIRES. —
AVANTAGES MORAUX ET SOCIAUX DE LA MUTUALITÉ.

Telles qu'elles sont organisées par la récente
législation, les sociétés de secours mutuels ont
pour but de protéger contre les conséquences de
certaines éventualités définies : maladie, vieillesse, etc., les personnes vivant de leur travail.
Ce résultat est obtenu par la constitution d'un
capital, propriété indivise de tous, devant servir
à soulager ceux qui sont atteints par l'un des
risques prévus. Ce capital est alimenté, comme
recettes ordinaires, par les cotisations des membres
participants et des membres honoraires et par
les subventions de l'État. Extraordinairement, il
s'accroît du produit des amendes, des dons,
legs, etc.

Entre les travailleurs qui versent une cotisation
il y a contrat en vertu duquel tous les droits sont
reconnus égaux. Quand l'un des participants
reçoit une indemnité prévue par les statuts, ce
n'est pas d'une libéralité qu'il bénéficie, c'est un

droit qui lui est reconnu, mais alors il est nécessaire que les statuts de la société soient rédigés d'une façon assez sage pour qu'elle ne soit pas entraînée, le cas échéant, au-delà de ses moyens. Il faut donc aux combinaisons et opérations financières une base scientifique qui est fournie, notamment en ce qui concerne les pensions de retraite, par les tables de mortalité.

La société de secours mutuels, malgré son titre, n'a pas cependant un caractère exclusivement mutualiste. L'admission des membres honoraires, comportant l'acceptation de leurs dons, tend à en faire une combinaison de la prévoyance avec l'assistance. Il y a là une nécessité matérielle. Il ne serait pas possible, en effet, aux sociétés de secours mutuels proprement dites — en entendant par cette expression celles qui cumulent le service des frais de maladie avec celui des pensions de retraite — de s'occuper de ce dernier objet, si elles ne devaient également compter sur les cotisations des membres honoraires : « En résumé, dit le rapport officiel de 1901 (p. 25), il ressort de la statistique générale que les sociétés de secours mutuels proprement dites ont reçu, en 1899, de leurs membres honoraires 2.591.062 fr. 74 et qu'elles ont affecté à leurs fonds collectifs de retraites une somme de 2.703.582 francs. On peut donc conclure de cet exposé que c'est au précieux concours des membres honoraires que sont dus les versements aux fonds de retraites, lesquels ont provoqué les subventions de l'État et les intérêts capitalisés à 4 fr. 50 0/0.

Ce qui revient à dire que les sociétés de secours

mutuels sont incapables, avec les seules cotisa
tions des membres participants, uniques intéressés, de pourvoir à d'autres frais que les indemnités de la maladie et l'allocation de quelques
secours. Quant aux pensions régulières de retraite,
c'est de la munificence des membres honoraires
secondée par les bonifications de l'État qu'il convient de les attendre.

Voici une observation très importante à retenir
au moment où l'on parle d'une loi sur les retraites
ouvrières. A moins d'élever les cotisations des
membres participants dans une forte proportion,
probablement celle du double, la mutualité proprement dite, à elle seule, est incapable de les
constituer. Ce seront les membres honoraires,
c'est-à-dire le patron et le rentier, aidés par
l'État, qui s'en chargeront. Pense-t-on, avec des
ressources aussi aléatoires, arriver à former l'ap-
point nécessaire pour une si vaste entreprise ?
Toute la question des retraites ouvrières est là, si
l'on estime qu'elle doive être résolue par la mutualité. De telles considérations donnent à réfléchir. Aussi, même parmi les apôtres les plus ardents
de la mutualité, plusieurs sont arrivés à cette
conclusion qu'on n'organiserait pas les retraites,
si le principe de l'obligation n'était pas inscrit
dans la loi. D'après une disposition introduite
dans certains projets actuellement en discussion à
la Chambre des députés, il est proposé que, le principe de l'obligation établi, on laisserait à l'individu la liberté de faire l'acte de prévoyance comme
il l'entendrait : « Permettez-lui de le faire par
tous les moyens les plus libres, les plus écono-

miques, les plus à sa portée, les plus conformes à son goût, à son tempérament; laissez-le surtout pouvoir le faire par les voies de la libre initiative et de l'accord commun avec ceux qui l'entourent, avec la famille élargie, et qu'est-ce que c'est que la famille élargie, sinon la société de secours mutuels [1] ? »

Pourquoi M. Léon Bourgeois s'arrête-t-il en chemin, après avoir abordé un ordre d'idées aussi intéressant? Dans une autre partie du même discours, il avait représenté la mesure contraignant l'individu à la prévoyance comme un acte en somme parfaitement intéressé de la part de la société : « Un homme qui ne s'est préoccupé du lendemain ni pour lui, ni pour les siens, n'est pas seulement le bourreau de lui-même ; il nuit à tous, puisque, à un moment donné, cet égoïste et ceux auxquels il a donné la vie vont tomber à la charge des autres hommes. » Ainsi, si la société impose l'obligation de la prévoyance, elle est tout simplement dans le cas de légitime défense. Voilà la prévoyance dans toute sa brutalité, telle qu'elle nous est présentée par certaine école. Puisque M. Bourgeois, par une pente naturelle qui est la logique des faits, et comme malgré lui, avait fait intervenir incidemment la famille dans le règlement d'une telle question, pourquoi n'en déduit-il pas toutes les conséquences? Il se trouverait alors dans une certaine mesure d'accord avec M. l'abbé Lemire, qui, dans son projet de loi sur les retraites

<hr>

1. Discours de M. Léon Bourgeois, prononcé dans une réunion mutualiste et publié par le *Musée social* de février 1902.

ouvrières, fait découler le principe de l'obligation
du vieux précepte du Décalogue :

Tes père et mère honoreras
Afin de vivre longuement.

Nous reviendrons plus loin, dans notre étude
concernant spécialement les retraites ouvrières,
sur cette question de l'obligation de la retraite
prenant sa base dans l'idée chrétienne du devoir
familial. Arriverait-on à remanier notre système
mutualiste, de façon à y introduire une application plus ou moins étendue d'un tel principe? Cela
n'est pas douteux, si, comme nous l'indiquons
plus loin, on organise les sociétés de secours
mutuels sur la base professionnelle, la profession
devant être considérée comme une extension plus
ou moins largement comprise de la famille.

Quel que soit le principe sur lequel on s'appuie
pour conclure à l'unité ou à la nécessité d'organiser les retraites dans les sociétés de secours mutuels, il est certain qu'aujourd'hui, pour arriver à
ce but, le concours des membres honoraires est
matériellement indispensable. Mais cette institution prête le flanc à la critique de la nouvelle
école, ennemie, dit-elle, de l'aumône, « qui humilie
celui qui la reçoit ». Nous touchons là à ce qui
pourrait bien être un jour une pierre d'achoppe-
ment pour la législation actuelle sur les sociétés
de secours mutuels.

Il faudrait d'abord s'entendre sur la signification du mot aumône. Aujourd'hui, il est vrai, c'est
une expression désobligeante. Elle a perdu le

sens qu'elle avait autrefois. On entendait jadis par aumônes des largesses considérables que les lois de l'Église imposaient aux riches de prélever sur leur superflu pour subvenir à des fondations charitables ou à la construction de monuments pieux. Maintenant l'aumône semble réservée aux individus qui pratiquent la mendicité. Donc, question de quantité. Quand la largesse dépasse la valeur de quelques centimes, elle devient subvention, allocation, secours, cotisation, don, etc. Du caractère habituel d'exiguïté de l'aumône semble surtout découler le caractère humiliant qui, autant et plus que son origine chrétienne, la fait exclure du nouveau vocabulaire laïque et c'est pourquoi l'on se sert maintenant de cette expression comme d'une injure. Abandonnons donc, si l'on veut, ce mot dont la signification, comme celle de tant d'autres, a évolué avec le temps. Laissons même de côté celui de charité, qui offense au même titre les oreilles superbes d'aujourd'hui, mot d'un sens d'ailleurs admirable quand on sait le comprendre, alors que sur un tel principe s'édifie comme d'elle-même toute une loi de fraternité et d'amour entre les hommes, organisation complète et décisive de justice sociale. Pour employer une expression banale qui signifie beaucoup moins — et telle est peut-être la cause du succès — disons que le membre honoraire fait simplement acte de bienfaisance.

La société de secours mutuels, objecte donc certaine école socialiste, doit constituer un contrat. Les avantages qu'elle offre ne sont que la satisfaction des droits que chacun acquiert par le versement de sa cotisation. Si le membre honoraire entend faire une libéralité, l'institution, telle qu'elle devient alors, n'est plus admissible, car ceux qui y exercent l'assistance ou la bienfaisance selon leur fantaisie y représentent l'autorité et l'inégalité. Le caractère de la mutualité proprement dite, sans l'adjonction de membres honoraires, est défini dans les lignes suivantes par M. Jules Destrée, député socialiste au parlement belge, quand il parle de « la mutualité, obligeant à un peu de prévoyance, manifestation effective d'affection pour la femme et les enfants, qui interviendra aux mauvais jours pour atténuer la maladie ou l'accident, conjuration de fléaux véritables, intervention dont la valeur morale est de ne dépendre d'aucune charité, d'être une libre assistance promise entre égaux[1]. »

L'école dont il s'agit a raison à son point de vue. La société de secours mutuels, telle qu'elle résulte de la législation actuelle, n'est que la combinaison d'une assurance mutuelle avec une organisation de bienfaisance. Il y a dans son sein deux catégories d'individus : d'abord les membres participants, contractants qui donnent, mais à la condition de recevoir ; ensuite les membres honoraires, qui distribuent bénévolement des largesses, mais sans rien accepter en retour, et ne sont mus que par un sentiment de charité ou de philanthropie, comme l'on voudra, le mot important peu à la chose. Il suffit de savoir que, dans ce cas, il y a absence de contrat. Ajoutons que les membres

1. *Le Mouvement socialiste* du 1er août 1902.

honoraires, étant éligibles aux fonctions du bureau, peuvent donner non seulement leur argent, mais leur temps et leur peine, toujours à titre gratuit.

Le caractère de la cotisation du membre honoraire serait tout autre, si celle-ci, au lieu d'être un acte de bienfaisance ne comportant aucun rapport contractuel, devenait, par exemple, une clause additionnelle d'un contrat de salaire. Mais nous n'en sommes pas là. Pour arriver à un tel résultat, il faudrait une organisation du travail que nous ne possédons pas encore et dont l'un des premiers articles consisterait dans la création de sociétés de secours mutuels professionnelles.

Il convient de remettre les choses au point. La société de secours mutuels, telle que nous la connaissons, n'est pas la vraie mutualité, en dépit de son nom — d'ailleurs quelque peu pédant et qui nous fait regretter la dénomination touchante de confrérie — puisque, à côté des contractants, il y a des bienfaiteurs sans contrat. Elle est fondée sur la reconnaissance de classes sociales dont le principe de classification serait strictement l'inégalité de fortune. Voilà ce qu'il faut répondre à ceux qui, au moyen d'une logomachie spéciale, entretiennent les malentendus et s'en vont prôner l'égalité pour tous, alors que, dans les institutions qui leur sont chères — quelquefois parce qu'elles leur sont utiles — cette égalité est visiblement détruite. Quelle est la conséquence d'une pareille situation? C'est qu'elle tend à substituer à une organisation entre individus une aide de classe à classe. Comment admettre, en considérant l'organisation légale des sociétés de secours mutuels, qu'il n'y a plus ni bourgeois, ni prolétaires ? On y donne un état civil à la classe bourgeoise. Les travailleurs, au lieu de solliciter des secours de la munificence des membres honoraires au nom d'un vague principe de solidarité — qui ne serait en réalité qu'une solidarité de classe — préféreraient peut-être qu'on leur reconnût, au nom de la justice sociale, un simple droit à des subventions de l'État.

Nous devons constater le bien-fondé d'une pareille critique de la part de ceux qui nient de prime abord l'existence entre les hommes de devoirs d'origine supérieure. D'autres, au contraire, sont fort à l'aise pour essayer de tirer parti, sans la rejeter, de la législation actuelle, qui reste, sans que l'on semble s'en douter, encore profondément imprégnée d'esprit chrétien et n'a pas renié ses origines historiques. Partant de là, ceux-ci aimeront à répéter que, dans l'usine, dans le métier, où les ouvriers auront fondé une société de secours mutuels, la place du patron est indiquée comme membre honoraire. Dans le village, où métayers, vignerons et journaliers se seront associés de la même façon, ce sera également un devoir social pour le propriétaire de leur apporter une contribution en rapport avec sa situation. Mais l'acte ne devra pas se borner à un don en argent concédé à époques fixes : nous estimons que, dans bien des circonstances, à la campagne notamment où la population est moins familiarisée avec les difficultés d'une gestion administrative et financière, le membre honoraire ne devra pas se dérober s'il est convié au travail du bureau,

et qu'il lui appartient, au contraire, d'aider ses collègues participants dans la mesure de ses moyens.
C'est en montrant qu'on prend à cœur les intérêts
du plus grand nombre par goût et d'une façon
permanente, non par fantaisie et caprice, qu'on
fait tomber la défiance autour de soi. Qu'on veuille
le remarquer, le bienfait en argent seul est peu
estimé, et il y a à cela de justes raisons; ce qui
touche vraiment les cœurs, c'est le don de soi-
même.

D'ailleurs, et ceci est un point important, l'admission des membres honoraires dans les sociétés
de secours mutuels semble acceptée jusqu'à présent par la démocratie. Combien cela durera-t-il
de temps? Jusqu'à quand vivra-t-on sur de tels
errements sans éveiller l'amour-propre ombra-
geux de certains bénéficiaires, sans s'attirer l'ana-
thème des logiciens? Nous n'oserions le prévoir.

A côté du profit matériel, n'oublions pas les
avantages moraux que retirent des sociétés de
secours mutuels les membres participants. Amenés,
dans leurs réunions, à discuter librement leurs
intérêts et à s'occuper de questions d'administration un peu compliquées, ils ne peuvent que
gagner à étendre ainsi leur expérience et leur
pratique des affaires. Ils acquièrent de plus en
plus, à un tel usage, des idées d'ordre, d'épargne
et de prévoyance qui sont une garantie de sécurité pour la famille, de stabilité et de grandeur
pour le pays. Chez l'individu pénètre l'idée de
l'obligation contractée, du droit du prochain à
respecter et du secours réciproque à fournir. Le
travailleur sera moralisé par l'esprit de famille

qui règnera dans la société de secours mutuels. La solidarité d'honneur et de bonne conduite qui en fait la base l'engagera personnellement et lui servira à l'occasion de règle et de frein. Il aura enfin l'amour-propre de ne jamais se présenter au bureau de bienfaisance.

A d'autres points de vue encore, la mutualité est salutaire. Aux favorisés de la fortune elle donne un moyen d'employer intelligemment leurs largesses, alors que celles-ci risquent de s'égarer quelquefois dans des œuvres discutables. On sait quel faible profit moral laissent après elles les distributions de bienfaisance. Si, au contraire, on ne secourt que celui qui fait personnellement un effort, et c'est le cas dans l'organisation mutualiste, le bénéficiaire associe au souvenir de l'aide obtenue l'idée du sacrifice que lui-même a accompli. Aider les gens, mais à la condition que ceux-ci prendront l'initiative de l'effort, ceci est plus fécond comme conséquences morales et matérielles qu'un don accordé en passant à un inconnu qui ne se souviendra bientôt plus ni du bienfait, ni du bienfaiteur.

On s'est efforcé d'étudier, dans ces derniers temps, de certain côté de l'opinion, tout le parti qu'il était loisible de tirer des œuvres mutualistes; aussi semblent-elles maintenant, nous l'avons dit, la forme par excellence d'amélioration sociale préconisée par la morale laïque au nom de l'idée philosophique de solidarité[1]. Nous verrons plus

1. Au sujet de la morale de la solidarité, Cf. *l'Équation fondamentale*, par F. Brunetière (*Revue des Deux Mondes*, 15 sept. 1903, page 342 et suiv.).

loin sous quelles couleurs la Ligue de l'Enseignement notamment présente à l'enfance française, sur les bancs de l'école, la pratique de la mutualité. La destruction de l'idée religieuse étant effectuée, il importe pour certain parti de remplacer la vieille morale chrétienne et les œuvres qui en découlent, par une nouvelle morale sociale, comportant des applications pratiques et destinée à démontrer au public qu'on est supérieur à ses devanciers dans la façon de prévenir ou de guérir les misères humaines. De là la mise à la mode, par exemple, de la lutte contre l'alcoolisme et le développement de certaines œuvres d'assistance auxquelles nous sommes d'ailleurs les premiers à applaudir; de là aussi la propagation des idées de mutualité en vue de l'amélioration du sort du plus grand nombre; mais, à ce propos, si nous n'y prenions garde, on tendrait volontiers à nous faire croire que l'on a inventé tout récemment les sociétés de secours mutuels.

Il est possible que, dans la pensée du parti radical, cette sorte d'association, en raison de son but humanitaire, soit destinée à servir de terrain de rapprochement avec les socialistes. Il est plus vraisemblable de supposer que le but caché de la campagne de propagande à laquelle nous assistons soit de faire diversion à certaines revendications gênantes. Mais, outre que, dans l'organisation mutualiste actuelle, la notion de classe est maintenue par la présence des membres honoraires, ce qui ne saurait plaire à tout le monde, nous ne saurions oublier, pas plus que les socialistes, qu'en voulant faire de la mutualité l'assise de la société nouvelle, on détourne les yeux du public d'une question autrement importante, qui est, après tout, la grande, la seule affaire : l'organisation du travail. Si l'on ne cherche pas à combiner avec ses nécessités les diverses modalités des institutions mutualistes, ainsi que nous essaierons plus loin de l'indiquer, on ne fait qu'apporter un dissolvant dans des efforts qui ont, au contraire, besoin d'être étroitement unis et maintenus en vue du but à atteindre.

CHAPITRE V

SOCIÉTÉS A CARACTÈRES PROFESSIONNEL ET CONFESSIONNEL. — LA FRANC-MAÇONNERIE ET LA MUTUALITÉ. — SOCIÉTÉS SCOLAIRES. — TYPES DIVERS DE SOCIÉTÉS. — DANGERS DE L'ÉPARPILLEMENT DES EFFORTS.

Une question instructive, mais qui demanderait une enquête délicate, consisterait à déterminer les causes qui ont présidé à la naissance de telles ou telles sociétés de secours mutuels, quels en ont été les fondateurs et, s'il y a lieu, à quelles opinions ou tendances elles obéissent plus ou moins tacitement. A côté du bienfait économique et humanitaire, il n'est pas défendu de supposer, sans faire injure à personne, que les mutualistes, qui sont des citoyens mêlés à la lutte des partis, peuvent poursuivre, à l'occasion et par le seul fait de leur réunion, un but secondaire non avoué publiquement, politique, religieux ou anti reli-gieux, dépendant de telle ou telle conception sociale. Parfois même les troupes insconscientes suivront les chefs sans se douter de l'arrière-pensée qui existera chez ces derniers au sujet de l'usage qu'ils comptent faire de l'influence et de l'autorité résultant de leurs fonctions. Hàtonsnous de dire que jusqu'à présent la grande majorité des sociétés semble bien se confiner dans les questions techniques de mutualité. C'est plutôt sur leur recrutement et leur composition qu'il y a lieu de faire quelques remarques.

Ouvrons l'*Annuaire* officiel. Que voyons-nous au chapitre des sociétés approuvées ? D'abord, il est vrai, un grand nombre d'associations à caractère professionnel, particulièrement dans les villes, et créées dans les corps de métiers : bouchers, menuisiers, charpentiers, ébénistes, imprimeurs, graveurs, peintres, tailleurs, etc. Ce sont aussi les plus anciennes, car nous avons vu qu'elles continuent fréquemment la tradition des vieilles confréries, issues elles-mêmes des corporations. Encore est-il malaisé d'en supputer le chiffre, sous la quantité de noms de saints qui leur servent de désignation et qui sont plus ou moins les patrons religieux de la corporation, tels que saint Crépin pour les cordonniers, saint Laurent pour les bouchers, saint Joseph pour les charpentiers, saint Vincent, pour les vignerons, etc.

Parmi les sociétés à caractère professionnel, relevons encore celles plus récentes des employés de magasins, hommes et femmes, des ouvriers et employés d'usines, des voyageurs de commerce, des ouvriers et employés des compagnies de chemins de fer, des employés d'octroi, des compagnies d'assurances, etc. Quelques-unes n'ont en vue que la retraite, mais n'en sont pas moins des mutualités, presque toujours florissantes en raison de l'union et de la communauté d'intérêts existant entre leurs membres. Les carrières libérales, enfin, parmi les sociétés professionnelles, donnent un contingent notable : associations de médecins, de pharmaciens, de peintres, de musiciens, d'artistes lyriques ou dramatiques, etc. Notons en passant, pour y revenir plus tard, que les mutualités à caractère professionnel semblent d'ores et déjà avoir le plus bel avenir. Ne convient-il pas d'ailleurs d'y comprendre les sociétés de secours mutuels fondées dans les campagnes et qui se composent presque exclusivement d'agriculteurs? Or, c'est surtout là, maintenant, que le mouvement mutualiste semble devoir porter des fruits nouveaux et appréciables.

Après les associations à caractère professionnel, viennent les sociétés à enseigne, sinon à esprit confessionnel. Dans les villes comme dans les campagnes, il semble que les noms de tous les saints du calendrier aient été employés à désigner des sociétés de secours mutuels. A Lyon, à Marseille, à Bordeaux, à Lille, comme à Paris, elles foisonnent, pour ainsi dire ; mais il faudrait une longue étude pour démêler si les sociétés ainsi désignées ont un caractère confessionnel ou seulement professionnel ; si, ayant eu le caractère confessionnel au début, avec nombre de pratiques pieuses, elles l'ont perdu au point de ne conserver qu'une vague célébration de fête patronale, prétexte à banquet. Quelles sont, parmi ces sociétés, celles qui sont paroissiales et qui représentent telle ou telle œuvre charitable? Lesquelles, sous un nom de saint se contentent de réunir les habitants d'un même village ou quartier de ville sans distinction de croyance, sans avoir conservé aucune attache religieuse? Nous ne nous chargeons pas de le démêler.

Le caractère confessionnel peut d'ailleurs être exploité très utilement pour stimuler le zèle de toute une catégorie de membres honoraires dont l'attention est éveillée par l'enseigne et ne le serait peut-être pas autrement. A Rouen, l'Émulation chrétienne, œuvre d'origine catholique, reconnue en 1864 comme établissement d'utilité publique, compte, d'après l'*Annuaire* paru en 1903, 3.833 membres participants avec le nombre considérable de 937 membres honoraires. La Société protestante de prévoyance de Paris, reconnue également comme établissement d'utilité publique en 1857, compte 532 membres participants et 376 membres honoraires. C'est une des plus fortes proportions de membres honoraires que nous ayons rencontrées. Une société approuvée de Paris, la Bienfaisante israélite, compte 1.159 membres participants et 499 membres honoraires.

Ainsi, même parmi les sociétés approuvées, nous en trouvons à caractère nettement confessionnel, c'est-à-dire par un accord tacite, ne se recrutant respectivement que dans les religions déterminées, mais possédant toutefois, les plus récentes du moins, dans leurs statuts, la clause que, dans leur sein, toute discussion religieuse ou politique est interdite. Ajoutons que, dans ces sortes de sociétés autant qu'ailleurs, la mesure ne saurait être qu'excellente, les discussions religieuses entre coreligionnaires ne le cédant souvent pas en acrimonie aux discussions entre gens de confessions différentes.

La franc-maçonnerie, souvent considérée comme une vaste société de secours mutuels et l'étant effectivement, a aussi marqué de son empreinte bien des associations de ce genre. Si les frères payent une cotisation à leur loge, ils sont aussi secourus par elle quand ils tombent dans le besoin. En outre, si l'action politique et antireligieuse est devenue dans ces derniers temps, en France, la principale préoccupation du monde maçonique, on ne peut nier que le côté humanitaire n'ait tenu une place importante dans son histoire. Si nous ajoutons à cette considération que certaines sociétés de secours mutuels ont commencé par être, nous l'avons vu, des sociétés secrètes : que, dans nombre de sociétés urbaines ou rurales, les membres des loges s'efforcent d'occuper les places dans les conseils d'administration; qu'enfin de hauts personnages publics, notoirement connus comme francs-maçons militants, sont d'ardents propagateurs de l'idée mutualiste, nous en conclurons que l'influence maçonnique a eu un contrecoup notable sur le développement mutualiste dans notre pays. On a cité des sociétés qui n'admettaient dans leur sein que des francs-maçons. Il est des noms de sociétés de secours mutuels qui nous renseignent déjà quelque peu à cet égard. Certaines dénominations assez vagues ont déjà un air de ressemblance avec celles des loges. Telles sont l'Humanité, l'Égalité, la Solidarité, la Concorde, l'Accord Sincère, la Parfaite Union, les Amis de la fidélité, les Droits de l'homme; mais, où le doute se change en certitude, c'est quand nous lisons des noms tels que la « Société Aca-

cia. » Enfin, en raison de la fréquence d'appella-
tions d'origine judaïque, dans le vocabulaire maçonnique, il est permis de se demander si les
deux éléments, juif et franc-maçon, ne se partagent pas, dans une certaine proportion, des
sociétés telles que les Enfants de Japhet, d'Isaac,
de Sem, de Sion, les Vrais amis des fils d'Abra-
ham, la Société de Déborah.

Dans ces dernières années, l'association qui a
poussé le plus activement au développement de la
mutualité, en prenant les écoles primaires comme
champ d'action, est sans contredit la Ligue de
l'Enseignement, fondée par Jean Macé en 1866.
Insister sur le caractère maçonnique de cette institution après les études de M. Georges Goyau [1]
serait superflu. Présidée par M. Buisson et, avant
lui, successivement par M. Léon Bourgeois et
M. Jacquin, conseiller d'État, elle compte, dans
son comité directeur, des francs-maçons éminents
et, parmi ses adhérents, des sociétés de secours
mutuels qui se désignent elles-mêmes, dans le
Bulletin de la Ligue, avec les trois points significatifs.

C'est au nom de la doctrine de la solidarité,
mise à la mode par un des présidents, « les doctrines solidaristes qui, de plus en plus, constituent le fond de l'éducation populaire, la base sur
quoi elle s'édifie [2], » que la Ligue de l'Enseignement a entrepris sa propagande en faveur de

1. Voir l'*Idée de patrie et l'humanitarisme*, par Georges Goyau, Paris,
Perrin, 1902.
2. Rapport de M. Édouard Petit, inspecteur général de l'Instruction
publique sur l'éducation populaire en 1900-1901 (*Journal officiel* du
19 août 1901).

la mutualité scolaire. Celle-ci fait partie de nombreuses œuvres sociales, scolaires ou post-scolaires, patronages, associations d'anciens élèves, conférences, cours et universités populaires, que la Ligue s'efforce de développer parmi la jeunesse des écoles laïques. Si l'on consulte d'ailleurs, soit le Bulletin de la Ligue de l'Enseignement, soit les rapports officiels de M. Édouard Petit, inspecteur général de l'Instruction publique et membre actif de cette Ligue, on remarque que ligue et gouvernement agissent de concert en tout ce qui concerne les questions d'éducation populaire.

L'idée de la mutualité scolaire n'est cependant pas entièrement neuve. En 1849, dans leurs écoles de La Rochelle, et, en 1855, dans celles de Dunkerque, les Frères de la Doctrine chrétienne firent des essais de mutualité scolaire. A Marseille, en 1869, les Filles de la Charité instituèrent une œuvre analogue qui, d'ailleurs, n'a pas été poursuivie.

C'est à l'initiative de M. Cavé, ancien juge au Tribunal de la Seine, vice-président de la Ligue de l'Enseignement, que l'on doit cette floraison étonnante de mutualités scolaires qu'on se plaît à appeler par reconnaissance « les Petites Cavé ». Vers 1896, commença la campagne de conférences et de presse. Le ministère de l'Instruction publique ne cessa, depuis ce moment, de se montrer favorable au mouvement. Les instituteurs furent invités à y prêter le concours le plus actif. En 1900-1901, il y eut sept missions mutualistes, confiées à des professeurs de l'enseignement secondaire, chargées de parcourir le territoire et de pousser partout au développement des mutualités scolaires.

Les sociétés de secours mutuels instituées par M. Cavé, dit M. Edouard Petit dans son rapport déjà cité, ont pour principal objet d'initier les enfants au mécanisme de l'épargne et de la solidarité. Elles les inclinent, par une souscription intelligemment consentie et méthodique, à grossir les rangs des troupes déjà formées et entraînées.

Plus loin viennent des chiffres montrant que tant d'efforts ont eu un plein succès : « En 1895-1896, la mutualité scolaire comprenait 10 groupements à peine ; en 1896-1897, 110 ; en 1897-1898, 400 ; en 1898-1899, 871 ; en 1900, 1.497. En 1900-1901, à la date du 31 mars, 2.017 « Petites Cavé » sont organisées, englobant 12.000 écoles, s'étendant à plus de 500.000[1] écolières et écoliers qui ont versé environ *trois millions de francs* dont *sept cent mille* ont servi au paiement des journées de maladie données non pas comme aumône, par charité, mais à titre de restitution, d'aide réciproque, par solidarité, par fraternité enfantine. » M. Petit oublie que dans ces chiffres sont comprises les cotisations des membres honoraires et qu'il est difficile de leur attribuer le caractère précis de mutualité dont il parle. Ici encore nous retrouvons l'équivoque décidément chère au parti et au moyen de laquelle, passant sous silence l'acte de bienfaisance qui est le fait des membres honoraires, on exalte, au contraire, exclusivement ce

---

1. D'après le rapport officiel du ministre de l'Intérieur de 1902, il n'y avait, à la date du 31 décembre 1900, que 1.389 sociétés scolaires avec 32.756 membres honoraires, et 316.032 membres participants.

qui serait de la pure fraternité entre membres participants, alors que, si l'on veut bien ne pas se payer de mots, cet acte fraternel est avant tout un contrat d'assurance mutuelle, chacun ne donnant qu'à la condition de recevoir.

Le même rapport signale « l'immense effort » réalisé en 1900-1901 par les écoles congréganistes en vue de développer leurs œuvres sociales, au premier rang desquelles se place la mutualité scolaire. Le congrès catholique international de 1900, le congrès régional de Lille (1900), de Montluçon (1901), le congrès de la Jeunesse catholique, tenu à Arras en mai 1904, et spécialement consacré à la mutualité, ont préconisé le développement des sociétés scolaires. Celles-ci « placées sous le patronage de la Société générale d'éducation et d'enseignement, dotées par elle des imprimés nécessaires à leur fondation et à leur fonctionnement, ont obtenu en 1900-1901 un rapide succès ». Des chiffres montrent ensuite que les écoles congréganistes semblent entrer résolument dans la voie ouverte par les écoles laïques. C'est une question d'ailleurs primordiale pour les premières de ne pas se laisser distancer dans des œuvres dont la popularité est indéniable et dont l'absence ne tarderait pas à constituer pour elles une cause d'infériorité.

Il ne nous déplaît pas de voir les écoles de l'État et les écoles libres rivaliser d'ardeur dans l'œuvre de la mutualité. Les enfants prendront dans les unes et dans les autres le goût de l'épargne et de la prévoyance. Souhaitons que, plus tard, ils se retrouvent tous mêlés ensemble au sein des mutualités professionnelles.

Comment, sur ce terrain, de même que sur tant d'autres, échapper à l'influence des luttes politiques et religieuses? Pour en revenir aux sociétés d'adultes, quand on en parcourt les noms variés, significatifs et souvent pittoresques, n'y trouve-t-on pas comme un miroir des divers partis dont les chocs successifs forment l'histoire de la France depuis cent ans?

Outre les sociétés à caractère professionnel ou confessionnel, nous en trouvons nombre d'autres qui ont créées au hasard du courant des idées. Il y a d'abord les sociétés municipales dues à l'initiative de fonctionnaires ou de particuliers sur lesquels l'estampille officielle a gardé son prestige. Cette forme de la mutualité rassemble entre eux des hommes de profession, de milieux et d'intérêts différents. Les membres honoraires en sont souvent recrutés parmi les personnes ayant des attaches officielles, et il ne semble pas que ce soit là l'idéal d'une démocratie où les associations, issues de l'initiative privée, doivent garder leur complète indépendance vis-à-vis de pouvoirs publics éphémères. Ce type d'association, de formation artificielle, sera toujours inférieur à celui de l'association professionnelle, et, quand ce sera possible, on devra s'efforcer de substituer l'une à l'autre. Le décret-loi de 1852 investissait le maire et le curé du soin de créer des sociétés de secours mutuels. La conception impériale du maire et du curé, en 1852, ne répond plus maintenant à la même réalité sociale. Ce qui représentait alors un progrès dans la voie de l'initiave, quelque officielle qu'elle pût être, constitue un recul, maintenant que, remettant en honneur l'idée corporative, la loi de 1884 sur les syndicats professionnels a confié à la démocratie émancipée le soin de s'organiser elle-même.

Il en va de même de toute société de secours mutuels se recrutant dans un quartier urbain, dans une ville, dans une circonscription déterminée, ou même sur l'ensemble du territoire au hasard des relations de ses fondateurs, réunion à laquelle manque le lien puissant des mêmes intérêts professionnels et des mêmes risques courus. Ces sociétés ne valent que par le président ou le secrétaire qui leur consacrent leur temps et leur bonne volonté, que par le conseil d'administration qui en gère plus ou moins ingénieusement les intérêts financiers. Si la cheville ouvrière vient à manquer, il est à craindre que l'œuvre créée ne se survive pas à elle-même.

D'autres associations sont fondées sur le souvenir de quelque circonstance mémorable qui a autrefois réuni ses divers membres : telles sont les mutualités créées entre anciens combattants de la même campagne, motif assurément des plus honorables, mais ces sociétés vivent... autant que leurs membres. Ce ne sont pas de vraies institutions sociales. Il en est d'autres enfin dont la création n'est due qu'à la fantaisie de quelques-uns qui, un jour, ont voulu être présidents ou secrétaires de quelque chose. Si l'on admire avec juste raison l'accroissement du nombre des sociétés de secours mutuels, combien parmi elles meurent au bout de quelques années ou vivotent misérablement faute d'une intelligente administration et ne procurent aucun avantage à leurs membres !

Nous ne parlerons que pour mémoire de ces sociétés, d'importance d'ailleurs parfois considérable, recrutées à travers toute la France, et qui n'ont de la mutualité que le nom. N'ayant en vue que la pension de retraite et fondées parfois au début sur des procédés financiers dépourvus de caractère scientifique, elles ne sauraient être assimilées aux sociétés de secours mutuels proprement dites auxquelles elles ne manquent pas de faire un tort appréciable.

En résumé, éparpiller les efforts des hommes de bonne volonté ; semer au hasard les sommes provenant des cotisations, fruit de l'épargne des travailleurs ou des largesses des membres honoraires ; créer des œuvres artificielles et éphémères, alors qu'il devrait s'agir d'institutions sociales durables : tel semble être le grand danger de la mutualité à l'heure présente. De cet état anarchique, n'y a-t-il pas lieu de redouter directement ou indirectement des conséquences fâcheuses au point de vue de l'organisation du travail dans notre pays? Ne serait-il pas urgent, au contraire, pour le plus grand avantage du monde ouvrier et pour le bien général, de coordonner ensemble le mouvement mutualiste et le mouvement syndical[1] ?

1. Consulter *Les sociétés de secours mutuels, Leur rôle économique et social*, par E. Dedé, 1 vol., 1904.

CHAPITRE VI

LA SOCIÉTÉ DE SECOURS MUTUELS DANS LE SYNDICAT PROFESSIONNEL. — AVANTAGES DE CETTE COMBINAISON. — CONCLUSION.

Ainsi que l'a écrit M. Charles Benoist, la « cellule » de l'État enfin réorganisé, ce sera l'association professionnelle [1]. La question de la nécessité d'une organisation professionnelle a fini, dans ces dernières années, par réunir des hommes venant de tous les pôles politiques et nous ne nous étendrons pas de nouveau sur une question que nous avons traitée au début de cet ouvrage. Le syndicat, en vertu de la récente législation, est aujourd'hui la forme de l'association professionnelle ; mais doit-on le concevoir comme un groupement accidentel ou permanent de travailleurs réunis dans l'unique dessein de faire triompher des revendications concernant les questions de salaire et de travail ? C'est le tort de beaucoup de personnes de s'imaginer que telle est la seule raison d'être du syndicat, alors que l'article 6 de la loi du 21 mars 1884 contient le paragraphe suivant : « Ils (les syndicats professionnels) pourront sans auto-

1. Voir l'*Association dans la Démocratie*, par Charles Benoist (*Revue des Deux-Mondes* du 1er juin 1899).

risation, mais en se conformant aux autres dispositions de la loi, constituer entre leurs membres des caisses spéciales de secours mutuels et de retraites. » D'autre part, l'article 40 de la loi du 1ᵉʳ avril 1898 sur les sociétés de secours mutuels est ainsi conçu : « Les syndicats professionnels constitués légalement aux termes de la loi du 21 mars 1884, qui ont prévu dans leurs statuts les secours mutuels entre leurs membres adhérents, bénéficieront des avantages de la présente loi, à la condition de se conformer à ses prescriptions. » Nous ne faisons, en somme, que demander l'application, aussi étendue que possible, de mesures déjà prévues par la loi, mais encore insuffisamment généralisées. Le syndicat de l'avenir, l'association professionnelle, telle que nous la comprenons, c'est avant tout un organe de représentation du métier, mais c'est encore mieux qu'un instrument de défense économique; c'est un organisme pourvu de toutes ses fonctions. Sur ce groupement primordial, créé en vue de défendre les intérêts professionnels, au premier rang desquels on doit placer les questions de salaires, d'heures et d'organisation du travail, nous voulons voir se greffer toutes les œuvres propres à assurer le bien-être moral et matériel du travailleur, c'est-à-dire les institutions de prévoyance, de crédit et de coopération. Ce sera d'abord un moyen d'attirer l'ouvrier que de lui montrer un intérêt personnel, immédiat et permanent, attaché à son affiliation à un syndicat, et l'on cite mainte importante association de ce genre, soit à l'étranger, soit en France, dont l'origine est due précisément à la fondation d'un premier noyau sous la forme d'œuvre de prévoyance. Notons en passant l'économie qui devra en résulter, entraînant avec elle la réduction du montant des cotisations, si l'on arrive à fusionner personnel et locaux servant aux diverses institutions syndicales.

Quand, d'autre part, les membres de l'association en dirigeront eux-mêmes les diverses branches, lorsqu'on aura chargé de cette mission précisément les plus intelligents et les plus sérieux d'entre les travailleurs, que ces élus auront conscience de leur responsabilité et auront acquis, par leurs fonctions, une autorité légitime, il ne manqueront pas d'être écoutés de préférence aux agitateurs. Les questions de politique pure laisseront de plus en plus indifférentes les associations professionnelles, et celles-ci ne risqueront plus la lutte avec le patronat que pour maintenir des revendications justifiées. Ainsi mettront-elles l'opinion publique de leur côté. Un jour même pourra arriver où les syndicats achèveront de dissiper tout soupçon de tendance révolutionnaire : ce sera quand, conformément à plusieurs projets de loi déposés sur le bureau des Chambres et non encore votés, ils auront obtenu la personnalité civile complète et la capacité commerciale. Le syndicat ouvrier possédant et accroissant un capital, disposant à l'occasion d'un cautionnement, reconnu capable d'intervenir pour la conclusion de contrats collectifs, le syndicat assagi, cherchant à éviter les conflits avec le patronat et à traiter amiablement avec lui, c'est peut-être un lointain idéal, mais cela ne se comprend que si, dans son sein, fleurissent les institutions propres à relever la condition intellectuelle, morale et matérielle du travailleur.

Bibliothèques, offices de placement, cours professionnels, locaux de réunions et de conférences mis à la disposition de l'association, combien d'éléments ne trouverait-on pas encore pour faciliter l'œuvre d'amélioration sociale vers laquelle nous devons tendre?

M. Georges Picot, parlant des forces perdues en France, s'exprimait ainsi[1] : « Les anciennes classes dirigeantes auraient dû, comme elles l'ont fait en d'autres pays, se porter en avant, prendre en mains la propagande de la mutualité, multiplier les réunions, les discours, les écrits pour montrer ce qu'étaient les bienfaits de ces sociétés libres : elles auraient accompli ce rôle d'éducation sociale qui crée les liens entre les classes et prévient la haine. Ce qu'elles n'ont pas su exécuter à temps pour conserver l'influence, sauront-elles le faire aujourd'hui sous le coup de la nécessité ? »

L'association professionnelle intégrale telle que nous l'indiquons, par les idées de fraternité qu'elle développe et par la solidarité qu'elle comporte, est réellement la prolongation du foyer. La mutualité formée dans son sein entre frères, amis, camarades, soumis aux mêmes fatigues et aux mêmes dangers, est elle-même la plus haute expression de ce caractère familial. On s'y connaît, on n'y feindra pas la maladie, et la répartition des secours par les intéressés est une garantie contre

---

1. *Les Forces perdues. — Etude de politique contemporaine*, par M. Georges Picot (*Revue des Deux Mondes*, 1ᵉʳ décembre 1901).

l'intervention intempestive de l'assistance officielle qui, par la façon inintelligente dont elle
s'exerce, peut devenir un agent de démoralisa-
tion. A ceux qui n'ont pas de famille, ou qui en
sont éloignés par les circonstances, l'association
professionnelle ainsi comprise en crée une nouvelle. Elle tire de son isolement le travailleur de
l'usine et des champs qui n'a que ses bras pour
vivre et lui rend confiance en la justice sociale.
Elle est le lien entre la famille, aujourd'hui atta-
quée par les collectivistes, et une autre association plus vaste, faite de toutes les associations
secondaires, la Patrie, combattue elle-même encore
par la même école.

En terminant cette étude, nous nous permettrons
d'émettre un vœu : c'est que l'État, qui sub-
ventionne actuellement toutes les sociétés de
secours mutuels approuvées, réserve dorénavant
ses faveurs aux seules mutualités professionnelles,
sans toucher d'ailleurs aux anciens droits. Ce faisant, non seulement il aiderait à ce grand mouvement d'organisation du travail qui est l'avenir,
mais il contribuerait à le doter, dès sa naissance,
d'un puissant élément de pacification sociale.

II

LA MUTUALITÉ PROFESSIONNELLE[1]

Quand on étudie de près la création et l'organisation des sociétés de secours mutuels, il est une idée qui, en y réfléchissant un peu, paraît si simple, si nette, si juste, et par conséquent si facile à répandre pour le plus grand bien de la mutualité, que cela vaut la peine de s'y arrêter quelques instants.

1. La mutualité à base professionnelle est un des objets poursuivis par l'*Union mutualiste des Femmes de France* fondée et présidée par Mme la comtesse de Kersaint. Les buts que se propose cette société sont d'ailleurs les suivants :

1° Amener sur le terrain de la mutualité un rapprochement nécessaire entre les favorisés de la fortune et les travailleurs ;

2° Encourager et aider tous ceux dont l'avenir est incertain à se garantir, par les applications mutualistes, contre les conséquences des aléas de l'existence : la maladie, la vieillesse, la mort ;

3° Donner à toute personne qui s'intéresse à ces questions les renseignements et conseils utiles ;

4° Organiser des sociétés de secours mutuels sur leurs véritables bases morales et sociales : *la famille* et *la profession* ;

5° Aider matériellement ces sociétés à atteindre leurs buts et à donner des résultats pratiques.

Le siège de l'*Union mutualiste des Femmes de France* et de l'*Union centrale mutualiste* qui fonctionne à côté d'elle, se trouve à Paris, 1, boulevard de la Tour-Maubourg.

Qu'est-ce que la Société de secours mutuels à base professionnelle? C'est celle qui est créée et établie entre gens de même profession. Ce genre d'association est-il d'une organisation logique et rationnelle, et quels en sont les avantages? Dans quelle mesure est-il permis d'en poursuivre la diffusion dans les conditions sociales actuelles? Car il est certain qu'on ne peut en user partout et toujours. Tels sont les points que nous allons examiner.

Tout d'abord, ainsi que nous l'avons développé dans l'étude précédente, nous voyons qu'autrefois les sociétés de secours mutuels, qui sont une chose très vieille, datant de plusieurs centaines d'années, probablement même des Romains, et peut-être de plus loin encore, étaient à base généralement professionnelle. Dans les corporations de l'ancienne France, à côté de l'organisation du travail proprement dite, il y avait une organisation statutaire de secours réciproques entre les divers membres. Enfin, les confréries religieuses, qui fonctionnaient parallèlement aux corporations, et étaient purement et simplement des sociétés de secours mutuels, se constituaient la plupart du temps entre gens de même métier.

Nous trouvons encore aujourd'hui des Sociétés de secours mutuels qui ne sont que d'anciennes confréries, avec lesquelles elles établissaient leur filiation depuis le xviie siècle. Telle est, par exemple, la société de secours mutuels de Sainte-Anne, déjà citée par nous, existant actuellement à Paris, qui remonte à 1694, et qui portait originairement le titre de « Confrérie et Société hospitalière des compagnons menuisiers et habitants du Temple, sous l'invocation de sainte Anne. »

Mais, quelque intérêt que l'on puisse trouver dans ces considérations rétrospectives, nous n'allons pas nous y attarder. La seule conclusion que nous en tirerons, c'est qu'il fut un temps, d'ailleurs fort long dans l'histoire, où la société de secours mutuels était organisée sur la base professionnelle. Cela s'est fait de soi-même, sans qu'aucun texte de loi ait été à l'origine de ce mouvement. Celui-ci, sans plan préconçu, est sorti de la nécessité même des situations, des besoins logiques, et des entrailles pour ainsi dire des masses populaires, et cela est déjà un bien sérieux argument en faveur de l'institution. Mais, dira-t-on, c'est une de ces formes de l'ancien régime que la Révolution a abattues et qu'il ne saurait être question de ressusciter. Ce n'est pas tout à fait exact. La Révolution, en effet, n'a peut-être pas détruit autant de choses qu'on veut bien le dire, car il en est beaucoup, parmi les institutions fauchées qu'on s'est empressé de remettre ensuite sur pied sous un autre nom, et encore maintenant il en est qu'on reconstitue peu à peu, parce qu'il y a des organes qu'on ne peut pas supprimer dans une nation sans y introduire une effroyable anarchie. Ainsi, il y a vingt ans seulement, on a été obligé de rétablir, sous une forme d'ailleurs lointaine et modernisée, l'association corporative, honnie par la Révolution, et on en a fait le syndicat professionnel.

Or, quelque opinion que l'on ait sur l'avenir des

syndicats actuels de l'industrie, du commerce, et de l'agriculture, il y a là un mouvement sérieux dont la mutualité ne saurait se désintéresser, et nous serions de pauvres sociologues si, par insouciance ou de parti pris, nous semblions l'ignorer. Il y avait en 1903, d'après l'*Annuaire des Syndicats*, 3.680 syndicats industriels ouvriers, avec 614.204 membres ; et, d'autre part, on compte environ 2.400 syndicats agricoles groupant plus de 600.000 personnes vivant plus ou moins de la terre. Et maintenant que le mouvement est donné, tous les jours il s'en fonde de nouvelles parmi ces sociétés de toute sorte : révolution pacifique d'ailleurs, curieuse et intéressante, que cette diffusion continue d'associations professionnelles, dans toutes les branches de l'activité nationale, depuis les syndicats révolutionnaires de certains centres industriels jusqu'au Syndicat de l'Aiguille qui, celui-là, n'a rien de subversif, jusqu'aux syndicats agricoles que l'on va quelquefois jusqu'à traiter de syndicats réactionnaires.

Il y a donc là un fait considérable qui ne saurait manquer de frapper l'observateur de faits sociaux, celui qui, préalablement à toute détermination, examine le terrain sur lequel il convient de semer certaines institutions propres à améliorer la situation morale et matérielle des moins favorisés de la fortune. Le fait qui saute actuellement aux yeux, c'est le développement considérable dans ces dernières années du mouvement syndical professionnel, sous l'action d'une législation que l'on s'apprête à étendre d'une façon notable, et que l'on perfectionnera désormais peu à peu, à mesure que les idées aujourd'hui en germe iront se développant davantage.

Or, en considérant tout d'abord la question au point de vue pratique — nous parlerons tout à l'heure du point de vue social — ne semble-t-il pas qu'il serait possible de greffer sur le mouvement syndical un mouvement parallèle des sociétés de secours mutuels? Bien plus, est-il permis à la mutualité de rester indifférente devant une telle situation? Voilà des gens associés entre eux, des groupements tout formés entre personnes menant la même vie, ayant la plupart du temps les mêmes idées, poursuivies par le souci d'intérêts matériels semblables, et surtout courant des risques professionnels analogues de santé et de fortune, et l'on n'en profiterait pas pour jeter immédiatement dans chacun de ces groupements les bases d'une société de secours mutuels? Alors, nous nous demandons quel terrain plus propice que celui-ci on peut se proposer de chercher?

Il existe d'ailleurs déjà, en France, de nombreuses sociétés de secours mutuels professionnelles. Ce sont même, comme nous l'avons dit, les plus anciennes, et elles comptent souvent parmi les plus florissantes. A Paris seulement, si nous consultons l'*Annuaire*, il y a des sociétés de secours mutuels de pâtissiers, de bouchers, de limonadiers, de cuisiniers, de coiffeurs, d'ouvriers joailliers, de mécaniciens, de menuisiers, de mouleurs, de graveurs, de charrons, de forgerons, de fumistes, de peintres, de typographes, de sculpteurs, de serruriers, d'ébénistes, de tourneurs, de fondeurs, de cochers, de gens de maison, de cordonniers, de gantiers, de chauffeurs, de couvreurs, de plombiers, de lunetiers, de maîtres d'hôtel, d'ouvriers selliers, de tailleurs, d'employés des postes, des chemins de fer et des compagnies d'omnibus, et tant d'autres encore dont l'énumération deviendrait fastidieuse. Parmi les comptables et employés de certaines maisons et administrations, et surtout parmi les employés de commerce, il y a des sociétés particulièrement prospères, et comment s'en étonner, quand ce ne serait qu'à cause de la facilité du recouvrement des cotisations, facteur extrêmement important dans la pratique de la vie mutualiste. Dans certains grands magasins, des chefs de rayon, zélés pour l'institution, se chargent du recouvrement des cotisations en faisant eux-mêmes la retenue correspondante sur la paye de leurs employés, qui, ainsi, n'ont pas la peine de mettre la main à leur porte-monnaie, opération toujours difficile.

Si l'on interroge les trésoriers des sociétés de secours mutuels, c'est toujours le même refrain sur la difficulté du recouvrement des cotisations. Quand, dans une grande ville, par exemple, une société de secours mutuels comprend seulement une centaine de membres appartenant à des métiers différents, et, par conséquent, inconnus les uns aux autres, quand même ils habitent le même quartier, on ne saurait imaginer la difficulté qu'il y a à faire rentrer en fin de mois ou de trimestre la somme convenue. Il y a des trésoriers qui y passent une partie de leurs journées ou de leurs soirées.

Combien d'ailleurs, au point de vue de la facilité du recrutement des sociétaires, la question est simplifiée quand il s'agit de gens appartenant à la même profession.

Lorsqu'un garçon pâtissier arrive dans une de ces grandes cuisines où le personnel est déjà affilié à la société Saint-Michel, quand un forgeron se présente dans un atelier de maréchaux ferrants, leurs camarades commencent par leur dire : « Toi, tu vas t'inscrire à notre société de secours mutuels. » Puis, à jour fixe, un des compagnons réunit les cotisations des adhérents de la maison et se charge d'en verser le montant au siège de la Société, quand ce n'est pas le patron qui prend lui-même ce soin, en faisant comme plus haut la retenue correspondante sur la paye, et ne pouvant se dispenser d'ailleurs d'être membre honoraire de la société professionnelle.

Puis, quand les maladies surviennent et qu'il s'agit d'en vérifier l'existence en vue de la distribution des secours et indemnités, nous ne voyons trop comment la fraude pourrait s'introduire parmi des gens qui peinent ensemble du matin au soir, sont témoins journellement du travail les uns des autres, prennent une partie de leurs repas en commun et vivent en somme de la même vie. Ils se connaissent et savent bien ce que vaut la santé du camarade. Les visiteurs possèdent ainsi pour leurs enquêtes d'autres bases que des renseignements incertains sur des collègues plus ou moins inconnus.

Car le lien professionnel est fait de tout un ensemble d'éléments divers, mais qui le consolident peu à peu au point de le rendre peut-être le plus fort qui puisse exister entre les hommes après celui de la famille. Entre ces personnes qui ont les mêmes occupations, les mêmes risques à courir en commun, les mêmes intérêts et le même idéal, entre ces artisans de la même œuvre, vêtus fréquemment, par profession, d'un costume particulier — car l'ébéniste ne ressemble pas d'extérieur à l'épicier, ni le charpentier au boucher — il s'établit des relations forcées de camaraderie et de fraternité, ce qu'on appelle en termes militaires l'esprit de corps, et qu'il faut s'efforcer de saisir en germe pour le transformer en un lien de mutualité.

Nous avons exposé quelques raisons d'ordre pratique qui militent en faveur de l'organisation de la mutualité, dans les milieux appartenant à des professions déterminées. Tels sont les avantages qui en résultent au point de vue du recrutement, de la constitution et de la marche normale et facile des sociétés. Ces considérations sont déjà d'une importance énorme pour celui qui ne se contente pas de juger les choses de haut et de loin, mais qui, comme l'on dit, ne craint pas de mettre la main à la pâte, et va faire des enquêtes dans le détail et le fonctionnement intérieur des associations.

Ce que nous venons de dire à propos de travailleurs plus ou moins dispersés dans les petites et moyennes professions s'applique encore bien mieux aux agglomérations ouvrières de la grande industrie et aussi aux habitants des campagnes, dont les sociétés, composées en immense majorité d'agriculteurs, sont ainsi, par le fait même, professionnelles.

Quant au recrutement des membres honoraires dans la grande industrie, comme dans l'agriculture, il semble que cette question, d'une sérieuse importance pour la mutualité, se résout d'elle-même ; car il est difficile de supposer que le notable industriel et le grand propriétaire rural pourront se dispenser de figurer parmi les bienfaiteurs d'associations composées de leurs ouvriers.

Mais, en dehors de ces raisons d'ordre pratique, il y a des motifs de nature économique que nous ne ferons qu'indiquer, et il y a aussi des raisons d'ordre social dont nous parlerons en terminant, et qui militent en faveur de la société de secours mutuels professionnelle.

Si l'on réunit dans la même association des gens de métiers par trop dissemblables, on risque de ne pouvoir procéder ensuite avec équité pour la répartition des indemnités, car il est des maladies et des accidents particulièrement fréquents dans certaines professions, des indispositions qui résultent d'un travail spécial et qui ne se rencontrent pas dans le métier d'à côté. Or, si toutes les professions sont mélangées dans la même société de secours mutuels, ce seront celles où l'on se porte bien qui payeront pour celles où l'on est le plus souvent éprouvé.

Enfin, il est un fait qui ne semble pas jusqu'à présent avoir suffisamment frappé l'opinion publique, c'est que dans certaines industries un homme est usé à cinquante ou cinquante-cinq ans, et sent alors le besoin de jouir d'une pension de retraite, tandis que dans l'agriculture, par exemple, un homme est souvent encore gaillard à soixante ou soixante-cinq ans et rend des services même à cet âge. Or, si l'on met ces deux hommes dans la même société de secours mutuels, il arrivera que l'un aura droit trop tard à sa retraite : c'est l'ouvrier de l'industrie aux organes ruinés par l'air empoisonné de la mine et de l'usine, tandis que l'autre pourra refuser un repos qu'il jugera prématuré : c'est l'homme des champs à la poitrine robuste, enivré dès son enfance d'air et de soleil.

Partant du même principe, on ne saurait évidemment accorder dans des conditions identiques des pensions et secours aux veuves et aux orphelins de travailleurs appartenant à des professions par trop dissemblables. L'âge moyen des décès y est trop variable pour que l'on n'en tienne pas compte, et c'est bien d'ailleurs sur des principes de cette nature que s'appuient les compagnies d'assurances contre les accidents pour offrir des tarifs spéciaux selon les professions.

Logiquement donc, tant pour la distribution des indemnités en cas de maladie que pour l'établissement de la pension de retraite, et pour les secours à allouer aux veuves et aux orphelins, on devrait s'efforcer — quand cela est possible, car malheureusement cela n'arrive pas toujours — de réunir dans la même société de secours mutuels des personnes appartenant à des professions analogues. Persévérer dans la voie contraire, trop habituellement, hélas ! suivie en France, où l'art suprême consiste fréquemment à tout mélanger et à tout couler dans un moule uniforme, c'est en arriver à des situations absurdes et, par conséquent, à des impossibilités de fonctionnement qui expliquent amplement certains échecs de la mutualité jusqu'à présent.

Envisageons maintenant la question au point de vue législatif et social, et c'est par là que nous terminerons, en cherchant à tirer profit de deux textes de loi qui sont d'une importance décisive dans le cas présent, car, bien qu'on semble trop l'oublier, il est incontestable que les idées que nous venons d'exposer sont, sinon préconisées par le législateur, du moins clairement rappelées par lui à l'attention. Si nous étudions, en effet, simultanément l'article 6 de la loi du 21 mars 1884 sur les syndicats professionnels, et l'article 40 de la loi du 1er avril 1898 sur les sociétés de secours mutuels, nous remarquons que les deux textes se compénètrent pour ainsi dire. Le législateur n'a pu s'occuper, d'une part, des syndicats professionnels sans songer qu'un de leurs attributs consisterait à créer dans leur sein une mutualité et, d'autre part, — en ce qui concerne la société de secours mutuels, — que celle-ci pouvait être professionnelle, sa place étant indiquée comme institution juxtaposée au syndicat, les deux caisses ne devant pas d'ailleurs se confondre et devant rester autonomes.

Mais dans la campagne mutualiste, ardente et vaste, que nous voyons mener actuellement, pourquoi n'est-il jamais fait allusion, pour ainsi dire, à la possibilité indiquée par la loi elle-même, et aux avantages qui en résulteraient, de faire coexister l'une à côté de l'autre, dans les associations professionnelles, la caisse syndicale et la

caisse de la société de secours mutuels? Aurait-on
peur d'une telle éventualité? Craint-on tout ce qui
tendrait à une organisation rationnelle et logique
des forces démocratiques? Pourquoi, sans tenir
compte du mouvement syndical, — fait social, nous
le répétons, le plus considérable de ces derniers
temps, — semble-t-on souvent pousser sans méthode suffisante à la diffusion de mutualités qui,
groupant les hommes par des liens factices et
artificiels, ne serviraient à rien moins qu'à entraver le développement normal des associations
professionnelles? Car, on ne saurait trop le redire,
si l'ouvrier verse une cotisation à une société
de secours mutuels, il n'en donnera pas une
seconde à son syndicat professionnel. Ainsi cette
dernière association, qui devrait être la deuxième
famille de l'ouvrier après celle du sang, sera privée de l'élément sérieux, réfléchi et économe,
parmi les travailleurs, et restera la troupe mou-
vante et sans consistance, proie indiquée à certains jours pour les agitateurs et les faux
bergers.

Que d'avantages, au contraire, que d'économies
de temps et d'argent en résulteraient en ce qui
concerne l'administration, le personnel, les locaux
mis en commun, et aussi la centralisation de certains services : offices de placement [1], cours profes-

1. Au moment où la question des bureaux de placement est à l'ordre
du jour, il est intéressant d'étudier dans quelle mesure les sociétés de
secours mutuels à caractère professionnel sont capables d'assurer ce
service. Du *Bulletin de l'Office du travail* (avril 1904), nous détachons à
ce sujet le passage suivant :

« En 1902, 68 Sociétés de secours mutuels ont répondu au questionnaire
mensuel de l'Office du travail sur le placement. Sur ces 68 sociétés, dont

sionnels, conférences, réunions, etc., si les associations mutualistes et syndicales, au lieu de rivaliser entre elles, savaient unir et combiner leurs efforts!

On dit déjà trop que la mutualité est l'adversaire et l'ennemie du mouvement syndical, de cette large diffusion des associations logiques et normales qui seront tôt ou tard l'assise de la société future. Il ne faut pas prêter le flanc à cette critique ni permettre de répéter que la mutualité

34 siégeaient à Paris, 61 avaient un caractère professionnel. Voici comment elles se répartissaient entre les diverses professions :

	PARIS	DÉPARTE-MENTS	TOTAUX
Employés, comptables, voyageurs et représentants.	6	17	23
Alimentation	8	7	15
Bâtiments et travaux publics	2	1	3
Chauffeurs-mécaniciens	3	1	4
Industries des métaux	1	1	2
Tailleurs et couturières	2	»	2
Fileurs	»	1	1
Miroitiers	1	»	1
Caoutchoutiers	»	1	1
Gantiers	1	»	1
Gens de maison, concierges, employés d'hôtel	5	»	5
Coiffeurs	»	1	1
Transport	1	»	1
Institutrices	»	1	1
Total	30	31	61

Les sociétés de secours mutuels à caractère non professionnel effectuent un nombre de placements insignifiant : aucune n'a placé plus de douze personnes à demeure ou en extra en un mois; la plupart ne dépassent pas 4 comme moyenne mensuelle. Au contraire, la plupart des sociétés de secours mutuels à caractère professionnel ont un service de placement particulièrement actif. La moyenne mensuelle des placements effectués est supérieure à 50 pour 15 d'entre elles, supérieure à 100 pour 10, supérieure à 500 pour 3; le maximum étant de 866 pour « l'Étoile » des garçons restaurateurs et limonadiers de Paris. La moyenne mensuelle la plus élevée, en 1902, était : pour les syndicats patronaux, de 639; pour les syndicats ouvriers, de 360 placements. »

n'est pas démocratique et qu'elle aura même pour résultat d'empêcher l'organisation du travail dans certaines branches de l'activité nationale.

Cela semble paradoxal au premier abord et, cependant, à la réflexion, combien il est loisible de l'expliquer! La mutualité mal comprise, ou dirigée sans méthode, arrive fatalement à un but exactement contraire, nous voulons le croire, à celui poursuivi par les chefs actuels de ce mouvement. Si l'on persévérait dans certains errements, elle finirait, à la longue, par passer avec juste raison pour une conception individualiste et jacobine, inconsciente et déguisée, tendant à asseoir l'omnipotence de l'État sur la pulvérisation des citoyens empêchés de se grouper selon leurs affinités naturelles qui sont les liens de la profession. De cette nouvelle forme de la tyrannie de l'État nous ne devons pas vouloir, car l'idéal de la démocratie, c'est précisément de limiter la toute-puissance de l'État et de l'équilibrer par le moyen de fortes associations basées sur des fondements durables, et telle est bien la sauvegarde de la liberté des individus.

Il appartient à tous les bons citoyens de prendre résolument l'initiative de ce mouvement de haute portée sociale, qui consistera à favoriser la propagande mutualiste dans les associations professionnelles, partout où ce sera possible.

Or, il devient désormais de plus en plus indispensable de s'engager dans cette voie, car chaque jour augmente en France le nombre déjà considérable des hommes appartenant aux partis les plus divers et même les plus opposés en ce qui con-

cerne les doctrines politiques et religieuses, et qui
se font partisans déterminés du développement
des associations corporatives. Ils y voient le moyen
pratique, juste et équitable, de sortir de certaines
situations anarchiques, où se débattent trop souvent, depuis un siècle, l'une en face de l'autre, la
masse des moins favorisés de la fortune et la
troupe infiniment moins nombreuse de ceux qui
en sont plus largement pourvus, en un mot, le
monde du travail et le monde du capital. Car, en
somme, c'est bien là, par ce temps de développement économique à outrance, qu'est la grande
affaire pour les uns comme pour les autres, la
seule affaire même pour beaucoup : l'organisation
du travail, question à côté de laquelle tant d'autres,
même celle de la mutualité, ne sont que secondaires.

Mais concevoir sans institution de prévoyance
ce syndicat professionnel, qui doit graduellement
susciter l'organisation du travail, c'est imaginer
un corps sans âme. On reproche, il est vrai, à
certains syndicats ouvriers de devenir trop facilement des organisations révolutionnaires, poussant
et disparaissant au hasard des grèves, n'imposant parfois à leurs adhérents que des cotisations infimes ou fictives. D'abord, il y a déjà
beaucoup de syndicats ouvriers qui ne sont pas
révolutionnaires, et on peut espérer que le nombre
en augmentera peu à peu. En tout cas, il y a un
remède à cet état de choses, c'est la mutualité.
Comment imaginer qu'un syndicat restera révolutionnaire, — ce qui, assurément, n'est pas fait
pour hâter la solution de la question sociale, —

s'il ne se contente pas de s'occuper des conditions de salaire et de travail de la profession, mais s'il possède en outre dans son sein une riche société de secours mutuels avec une caisse bien garnie, et des institutions d'assistance et de prévoyance intelligemment comprises, un système d'assurances contre l'invalidité, les accidents et le chômage, avec la certitude d'une retraite pour la vieillesse et de pensions pour les veuves et les orphelins ?

C'est ainsi que la société de secours mutuels devient le complément indispensable et nécessaire du syndicat, car elle donne précisément la solution de la plupart de ces questions de misère et d'insécurité qui exaspèrent, avouons-le, trop souvent, à juste titre, les travailleurs, et pour lesquelles ils font de révolutions.

Les Trade Unions anglaises, ces riches et puissants syndicats ouvriers établis chez nos voisins au siècle dernier pour le plus grand bien des travailleurs, distribuent avec largesse tout ou partie des secours que nous venons d'énumérer, et ce n'est pas un des moindres secrets de leur force[1].

---

1. M. Barthou, dans son rapport du 23 décembre 1903 sur les propositions de loi tendant à modifier la loi du 21 mars sur les syndicats professionnels, expose que, depuis leur fondation, quatorze Trade Unions, prises d'ailleurs parmi les plus riches et les plus puissantes, ont dépensé :

	FRANCS
En frais funéraires une somme de............	16.343.575
En caisses de maladie......................	46.012.775
En caisses de retraite.....................	22.376.800
En caisses de chômage.....................	90.108.625

« Ce dernier chiffre, ajoute M. Barthou, si important par lui-même, emprunte une signification plus grande encore à ce fait qu'en dehors des caisses de chômage, ces sociétés ont subvenu, par des ressources particu-

Si le syndicat professionnel parvient au résultat que nous venons de proposer, il arrivera à transformer la mentalité de ses adhérents d'une façon complète. Quant à ceux qui y auront contribué, ils auront non seulement la satisfaction d'avoir fait le bien et d'avoir accompli leur devoir social, qui ne doit pas être moins impérieux dans la conscience humaine que les devoirs privés, mais ils auront aussi la satisfaction de penser qu'ils ont pu changer cet instrument de guerre de classe — qui est le syndicat compris d'une certaine façon — en un organe de pacification sociale. Ce qu'il faut maintenant en France, c'est introduire les idées de mutualité dans les masses ouvrières, dans celles de leurs associations qui sont actuellement empoisonnées par certaines doctrines socialistes, ennemies de la mutualité. Car il ne faut pas se le dissimuler ni se payer de mots. Jusqu'à présent, les adhérents de la mutualité se recrutent en immense majorité dans le monde des employés proprement dits du commerce et de l'industrie, et parmi les petits artisans. Quant au prolétariat lui-même, quant aux masses agglomérées de la

lières, à la charge de sept ou huit autres institutions d'assistance et de prévoyance.

J'ai fait sur les chiffres cités par M. Georges Howell, pour les 14 sociétés dont il résume les efforts dans sa remarquable Histoire, un travail récapitulatif; il en résulte :

1° Que les principales œuvres de prévoyance et d'assistance de ces 14 unions ne remontent pas au-delà de quarante ans ;

2° Que depuis leur fondation, ces 14 sociétés ont dépensé une somme totale de 194.869.750 francs qui se décomposent en deux éléments:

Pour les grèves, 11.570.450 francs ;

Pour les œuvres d'assistance et de prévoyance, 183.299.300 francs.

On comprend l'éloge enthousiaste que ces résultats inspirent à M. Howell. »

grande industrie, elles ne sont nullement gagnées aux idées mutualistes. Partout où le collectivisme fait des progrès, partout où est préconisée la guerre de classe, les socialistes rejettent la conception actuelle des sociétés de secours mutuels. Ils ne réclament rien, ni de leurs semblables individuellement, ni du concours des membres honoraires. Ils attendent tout d'un bouleversement économique, ou de la vague réussite d'une grève générale, ou bien de l'État au nom de la justice sociale. C'est donc en dotant d'institutions mutualistes, pendant qu'il en est encore temps, les syndicats ouvriers appelés assurément dans l'avenir à un développement énorme, et aussi les syndicats ruraux non moins intéressants que les premiers, qu'on peut espérer donner aux masses la conscience de leurs véritables intérêts et, en les empêchant de rouler vers l'anarchie, arriver à une reconstruction sociale durable de notre pays.

TROISIÈME PARTIE

LES RETRAITES OUVRIÈRES

CHAPITRE I

DIFFUSION ACTUELLE DE L'IDÉE D'UNE PENSION DE RETRAITE EN FAVEUR DES TRAVAILLEURS

On annonce à chaque rentrée des Chambres la discussion du projet de loi concernant les retraites ouvrières, et chaque fois le monde des travailleurs s'aperçoit qu'il a été leurré de vains espoirs.

Il y a longtemps que cette question est posée et la promesse d'une pension pour leurs vieux jours fait partie du programme de tout candidat se présentant devant des électeurs ouvriers. Depuis 1893 environ, quarante propositions ou projets de loi sur ce sujet ont été déposés, auxquels sont attachés des noms tels que ceux de MM. André Lebon, Audiffred, Ricard, de Ramel, l'abbé Lemire, Gervais, Guieysse, Millerand, de Laurens-Castelet, Dormoy, à côté de ceux des citoyens Zévaès, Vaillant et Jaurès. Mais bien avant eux on s'occupait de la question, notamment en 1886, où Mgr Freppel et M. de Mun présentèrent un projet de loi sur les retraites ouvrières.

La France d'ailleurs est considérablement en retard sur d'autres pays en matière d'assurances populaires. De 1881 à 1889, l'Allemagne a organisé un système complet d'assurances obligatoires pour le monde du travail contre les accidents, la vieillesse et l'invalidité. A cet imposant monument de législation sociale, nos hommes d'Etat ne se sont pas fait faute d'emprunter quelques pierres pour édifier à leur tour leurs projets. On sait que les économistes allemands et les professeurs des Universités d'Outre-Rhin n'ont cessé de proclamer pour l'État le devoir d'améliorer le sort des classes populaires chaque fois que l'initiative privée se montrerait insuffisante à cet égard. En outre, les défenseurs de la monarchie prussienne se sont plu à affirmer que sa condition d'existence était d'être une monarchie de réformes sociales. En Autriche, on a créé également l'assurance obligatoire. En Belgique, tout en maintenant la liberté de l'assurance, l'État, par la loi du 10 mai 1900, donne à l'initiative privée de puissants encouragements et accorde d'importantes subventions qui ont pour but d'englober, peu à peu, dans un système d'assurances contre la vieillesse et l'invalidité tous les travailleurs prévoyants.

Cette poussée de l'opinion publique vers l'idée d'une retraite nécessaire aux salariés est un des faits sociaux remarquables de ces dernières années. Il procède de causes multiples que nous ne pouvons que brièvement énoncer.

Il y a deux moyens de garantir son avenir contre les risques de la vieillesse, époque où les forces ne permettent plus de gagner sa vie. Il y a d'abord l'épargne, que semble jusqu'à présent employer dans notre pays le plus grand nombre. L'ouvrier salarié de l'usine ou de l'agriculture économise sur les gains de son travail manuel, le négociant et l'artisan sur les bénéfices de leur commerce ou de leur industrie. Ils mettent de côté en fin de mois, ou d'année, le superflu qui leur reste, en placent le montant à la caisse d'épargne, achètent un titre de rente ou une obligation financière. C'est le système du bas de laine. Il est parfait quand le salaire est supérieur aux besoins de nourriture et de logement de l'ouvrier et de sa famille, quand il n'y a ni maladie ni chômage. Il peut même conduire maint petit employé à l'aisance, sinon à la richesse quand la chance veut bien s'en mêler.

Il n'en va pas de même, et c'est malheureusement un cas fréquent, quand le salaire n'est pas ce qu'on appelle le juste salaire. Ce juste salaire, sur le montant duquel on n'est pas encore près de s'entendre, c'est la somme nécessaire à l'ouvrier non seulement pour vivre et faire vivre les siens, mais encore pour subsister plus tard à l'époque de la vieillesse, alors que ses forces ne lui permettront plus de travailler, et c'est ce qui, légitimement, devrait faire de la question de la retraite l'objet d'une clause additionnelle du contrat de travail.

De plus, outre que le salaire peut être par lui-même trop faible, il y a les risques de maladie et de chômage qui déconcertent les plans les mieux établis d'ordre et d'économie. L'épargne semble donc un moyen, sinon souvent impraticable, du moins insuffisant à l'homme isolé pour se garantir avec sécurité contre les risques et dangers de l'avenir. Or, en mettant en commun le plus grand nombre possible de bonnes volontés et d'économies, en sollicitant notamment le concours du patron et, au besoin, celui de l'État, tous deux intéressés à la satisfaction des intérêts ouvriers, arriverait-on à un meilleur résultat? Cela n'est pas douteux. Ainsi on est logiquement conduit à une ingénieuse combinaison qui fait partie des grands progrès modernes, à l'assurance patronnée en haut, mais aussi, en bas, à l'assurance mutuelle des travailleurs entre eux où, les chances de mortalité de quelques-uns avant la vieillesse ayant été calculées scientifiquement, il a été possible de prévoir une bonification proportionnelle de la pension destinée aux survivants.

À un autre point de vue, l'assurance contre la vieillesse est une des nombreuses formes de la réaction de l'esprit d'association contre la doctrine individualiste qui, lors de la Révolution, a jeté le faible presque sans défense dans une société nouvelle et égoïste, où le but était non une équitable répartition de la richesse, mais la richesse tout court.

Il est vrai qu'à cette époque, déjà pour nous singulièrement arriérée et réactionnaire à certains points de vue, Mirabeau dénonçait comme des tentatives d'agiotage les projets de sociétés d'assurances par exemple contre l'incendie. Les préjugés de l'époque condamnaient le principe même de l'assurance, qui, disait-on, « en substituant le service du calcul au service de l'humanité, fait disparaître de la société la sensibilité générale qui en est une des bases ».

Il y a, dira-t-on, l'assistance publique et la bienfaisance privée qui prendront à leur charge les vieillards nécessiteux. Mais le progrès social ne consiste-t-il pas précisément à supprimer la nécessité de l'aumône partout où cela est possible? Il restera toujours assez de malheureux à secourir.

Parmi les raisons qui entraînent l'opinion vers l'idée d'assurer une retraite aux vieux travailleurs ou de leur faciliter les moyens de s'en constituer une, nous trouvons naturellement l'idée chrétienne de fraternité humaine. Se mêlant à ses adeptes, les philanthropes, les humanitaires, les socialistes, tous les amis des classes populaires, ou se disant tels, sont aussi d'accord sur ce point qu'il y a quelque chose à faire. Nous verrons plus loin en quoi peuvent varier les procédés d'application.

Enfin, s'il restait encore quelques esprits disposés à nier la nécessité d'une action législative dans une matière devenue si importante, sans préjuger le moins du monde la question de la liberté ou de. l'obligation de l'assurance, nous pourrions leur montrer le fait patent, indiscutable, que l'idée de la pension de vieillesse est devenue peu à peu populaire et est dorénavant entrée dans le courant d'opinions du pays. Dans certaines classes, ceux qui possèdent un métier ou une carrière destinés à être couronnés par une pension de retraite, ne passent-ils pas pour les plus heureux? Les autres, parmi les salariés, se demandent pourquoi, en France, il y a deux poids et deux mesures, pourquoi, dans certaines professions, la retraite est aidée et favorisée, et pourquoi, dans d'autres, elle est difficile à conquérir, faute d'une bonne organisation. Et n'est-ce pas une des raisons qui précipitent les jeunes Français vers les carrières et la bureaucratie de l'État? Car depuis longtemps les fonctionnaires sont favorisés d'une retraite, ou, pour parler plus exactement, sont soumis à la retraite obligatoire; car, encore qu'il n'y ait pas corrélation entre le montant des pensions accordées et les retenues faites aux fonctionnaires sur leur traitement, il n'en demeure pas moins certain que ces retenues sont imposées et que le magistrat, pas plus que le militaire et l'employé de ministère, ne sauraient s'y soustraire.

Mais, en dehors de l'Etat, ne voyons-nous pas se développer partout ailleurs des caisses patronales ou des sociétés privées de retraite? Les compagnies de chemin de fer ont organisé la caisse de retraite obligatoire pour leurs employés, de même les grands magasins et de nombreuses usines ou industrie d'importance variable. Par la loi du 25 juin 1894, l'Etat a prescrit aux patrons d'ouvriers mineurs de faire à ces derniers une retenue de 2 0/0 sur leur salaire pour être versée à la caisse des retraites et d'effectuer eux-mêmes un égal versement à leur profit. Dans les agglomérations importantes, où les ouvriers sont mieux à même de s'organiser et de se concerter, le vent souffle vers la prévoyance. De leur côté, les travailleurs isolés et les ouvriers de l'agriculture accablés par les mauvaises années, regardent avec envie ceux pour lesquels le terrible problème des vieux jours est résolu. Aussi quand, après toute une vie de labeur, l'homme qui avait quitté jeune son village y revient avec une pension viagère pour enfin s'y reposer ; quand le gendarme, le cantonnier ou l'employé de chemin de fer, de retour au pays, y font blanchir de nouveau la maison paternelle pour y terminer paisiblement leur vie à l'abri de la misère, ils sont non seulement considérés comme des heureux par leurs concitoyens, mais ils ont une situation dans leur village. Ils ont travaillé autrefois, maintenant ils se reposent et ne se remettront à l'ouvrage que dans les moments de presse, pour donner un coup de main lors des moissons ou des vendanges. Et c'est une des raisons pour lesquelles les paysans, au sortir du service militaire, ne veulent plus retourner à la charrue. Ils voient dans les villes des positions stables qui se continueront, quand l'heure de la cessation du travail aura définitivement sonné, par d'autres situations assurées jusqu'à la fin de la vie elle-même. Cette ambition est modeste, la pensée manque peut-être d'envolée et ceux qui désirent voir la France se lancer dans d'aventureuses entreprises au-delà des mers regretteront que ses enfants fassent fi d'une bruyante initiative et se confinent dans une banale et tranquille médiocrité d'employé et de retraité. Mais cela est un fait de la race et il semble qu'il soit entré dans la mentalité populaire.

Bien mieux, contrairement à l'idée allemande où la cause d'invalidité, prématurée ou non, justifie presque seule l'admission à la retraite, l'opinion courante dans notre pays veut que ce soit la vieillesse qui y donne droit. Inutile d'expliquer au Français que s'il est encore valide à soixante-cinq ans il peut continuer à gagner sa vie. C'est la retraite de vieillesse et non la retraite d'invalidité qui est populaire en France, sans préjudice d'ailleurs de la pension pour invalidité survenant avant l'âge requis.

Mais alors, dit l'homme du peuple, puisque des ouvriers, occupés chez certains patrons, arrivent à acquérir une pension de retraite, pourquoi d'autres, par le seul fait qu'ils possèdent un patron moins soucieux de leurs intérêts, ou qu'ils travaillent chez des maîtres temporaires, sont-ils privés de cet avantage? C'est là que l'intervention de l'État, sous une forme plus ou moins directe, peut sembler utile, sinon équitable[1].

1. Sur la nécessité générale de l'intervention législative en matière sociale Cf. *la Protection légale des travailleurs*, par Raoul Jay, Paris, Larose, 1904.

CHAPITRE II

NÉCESSITÉ DE L'ASSURANCE CONTRE LA VIEILLESSE L'ENQUÊTE DE 1901. — PRINCIPES DE L'ASSURANCE. — OBLIGATION OU LIBERTÉ

D'après Adam Smith, « le cours naturel des choses amène le progrès; l'ingérence du Gouvernement ne saurait que l'entraver ou le retarder ». Si nous prenions à la lettre cette théorie des économistes et si nous devions tout attendre de l'initiative privée, il est probable que bien des générations de travailleurs risqueraient encore de disparaître avant que des hommes de bonne volonté aient eu le temps de façonner leur esprit au mécanisme de la prévoyance et surtout de créer les organes nécessaires à son exécution. Or, avons-nous le temps d'attendre? Ne semble-t-il pas aujourd'hui urgent de prendre résolument en main certaines réformes nécessaires? D'après quelques-uns, nous l'avons dit, une bonne loi d'assistance aux vieillards pourrait suffire pour garantir les plus nécessiteux. Mais, d'abord, au point de vue moral, l'assistance est inférieure à l'assurance. Il est toujours dur de tendre la main, quand même une longue vie ne vous aurait apporté que malheurs et désillusions et que votre fierté aurait dû prendre son parti de bien des humiliations.

Sans doute est-il plus digne de pouvoir compter, à la fin de sa carrière, sur le fruit de sa prévoyance. L'essentiel, c'est que cette prévoyance trouve, à la faveur de dispositions législatives, le moyen de s'exercer utilement.

Dans toute société, il est vrai, il y a des gens économes et rangés qui sauront toujours se mettre à l'abri du besoin; il y a aussi de nombreuses familles où les fils honorent leurs parents et sont heureux de prendre soin de leur vieillesse. Mais à côté d'eux il y a la masse des imprévoyants, des malchanceux, des grands enfants, des insouciants dont le cerveau est rebelle à la pensée de l'avenir, ceux qui constituent dans tout groupement ce qu'on peut appeler le déchet social dont il faut bien, coûte que coûte, que l'État se préoccupe en guidant pour ainsi dire par la main ces éternels mineurs; il y a, enfin, ceux qui n'ont pas de famille et ceux qui en ont trop. Voilà une perte considérable sur ceux auxquels les partisans de l'initiative privée seule comptent enseigner les bienfaits de la prévoyance. En attendant, beaucoup de vieillards sont et resteront malheureux, malgré la loi sur l'assistance aux vieillards, et c'est surtout cela qui est grave. Les charges de l'Assistance publique sont considérables. Il faut arriver à une prompte solution, et, si des pays voisins de la France ont déjà tranché la question, celle-ci est également mûre dans notre pays et ne saurait attendre plus longtemps.

Puisque la nécessité de l'assurance établie sur des bases larges et fécondes, avec l'intervention directe ou indirecte de l'État, semble reconnue à

peu près par tout le monde, il se pose alors une
série de questions subsidiaires dont la discussion
ne manque pas de passionner les débats parlementaires, car il y va de conceptions tout à fait différentes du rôle de l'État dans la société moderne.

La nouvelle loi va-t-elle imposer aux travailleurs l'obligation de s'assurer ou bien leur en
laissera-t-elle la liberté, tout en favorisant l'extension de l'institution ? Y aura-t-il une part contributive de l'État et du patron dans la constitution
des primes d'assurance et quelle sera-t-elle pour
chacun ? À quelles catégories de travailleurs s'ap-
pliqueront les dispositions législatives ? Enfin,
quel sera le régime financier adopté ?

En 1901, la Chambre des députés avait commencé la discussion d'un projet de loi portant
création d'une caisse nationale des retraites ouvrières, quand elle interrompit ses travaux afin de
consulter sur ce projet, conformément à la proposition de M. de Gailhard-Bancel, les associations
professionnelles patronales et ouvrières, industrielles, commerciales et agricoles, légalement
constituées et les Chambres de commerce. Le texte
des 2.380 réponses qui sont parvenues à la commission forme la matière de trois volumes de 7 à
800 pages chacun. Les résultats de l'enquête sont
assez confus et contradictoires suivant que les
réponses émanent de patrons ou d'ouvriers. Si les
associations patronales, ou d'inspiration patronale, rejettent toutes pour ainsi dire l'obligation
de l'assurance, les syndicats ouvriers ne redoutent pas moins une forme d'épargne spéciale
imposée par l'État et dont ils ne pourraient

se dégager. Mais, en somme, chez les uns comme chez les autres, la préoccupation dominante est la crainte, chimérique ou non, d'une bureaucratie tracassière dans l'application et dans les investigations qui en seraient la conséquence. C'est pourquoi on peut dire que la question a été assez mal posée, surtout à un moment où le projet de la Commission manquait de libéralisme à certains égards, était fait pour effrayer l'opinion et avait besoin de corrections sur lesquelles on semble maintenant être mieux d'accord. Enfin on avait commis un oubli impardonnable en négligeant de consulter les sociétés de secours mutuels dont l'avis, à tous égards, eût été particulièrement précieux. Il eût été également nécessaire d'envoyer la circulaire aux ouvriers non syndiqués et aux chefs d'industrie dans les usines desquels le problème des retraites a déjà reçu parfois une solution avantageuse pour les deux parties. Il en est de même pour certaines grandes administrations comme les compagnies de chemin de fer. Donc, quelque volumineuse que soit l'enquête, il serait imprudent de dire qu'elle envisage tous les côtés de la question ni même qu'elle soit assez précise et complète pour être définitive [1].

Dans son rapport particulièrement documenté du 9 mars 1900, concernant le projet de loi sur les caisses de retraites ouvrières, M. Guieysse légitime de la façon suivante l'obligation de l'as-

---

1. Dans la *Revue politique et parlementaire* des 10 janvier et 10 février 1902, M. Maurice Bellom a cherché à dégager les résultats de cette enquête en distinguant, d'une part, les questions de principes et, d'autre part, les questions d'application.

surance à laquelle devra être soumis le monde
ouvrier.

Assurer la sécurité du travailleur pendant son âge mûr,
lui garantir un avenir honorable pendant sa vieillesse,
sont des problèmes qu'une démocratie reposant sur le
suffrage universel ne devrait plus avoir à se poser... Tout être
humain, faisant partie du corps social, a droit, dès sa venue
au monde, à la conservation de son existence. Si c'est
pour lui un devoir, quand il en a l'âge, de contribuer,
suivant ses facultés, au développement de la société, c'est
aussi pour celle-ci un égal devoir de le mettre en état
d'exister librement suivant les conditions naturelles, c'est-
à-dire de se créer une famille qu'il puisse faire vivre et
prospérer par son travail.

En d'autres termes, l'homme qui travaille rend
des services à la société, tant que ses forces ne le
trahissent pas, et contribue à sa prospérité. La
société de son côté, tant que cet homme restera
valide et même après, lorsque ses forces auront
disparu, reste débitrice envers lui et doit pourvoir
à ses besoins. Comme conséquence stricte, d'après
certaine école socialiste il n'y aurait pas lieu de
constituer d'assurance : ce serait l'État qui devait
servir sa pension de retraite entière au travailleur.

D'autres soutiennent une thèse différente. Ce
n'est pas l'État, mais le patron qui est débiteur
de la pension de vieillesse envers l'ouvrier. Celui-
ci peut être assimilé à une machine dont l'usure
doit être calculée et dont le prix doit être amorti.
C'est le prix de cet amortissement qui servira au
salarié pour vivre quand il ne pourra plus travailler. Or, si le salaire journalier est insuffisant

et ne contient pas ce qui correspond à l'amortissement des forces, le patron doit remplacer par une
pension de retraite ce qu'il n'a pas donné à l'ouvrier avec son salaire.

Aux yeux de M. l'abbé Lemire, qui a également
déposé un projet de loi sur le même sujet en 1900,
l'intervention de l'État n'est pas une intervention
nécessaire en principe, mais une intervention
nécessaire en fait. C'est la famille qui, à ses yeux,
est l'unité économique par excellence. « C'est
elle, dit-il, qui donne le pain aux enfants qui ne
travaillent pas encore, qui le procure aux malades
qui momentanément ne travaillent plus, et qui le
tient en réserve pour les infirmes et les vieillards
condamnés à l'inaction complète. Elle est le tronc
qui nourrit les branches naissantes et qui donne
un reste de sève aux branches qui vont mourir.
Le vieux précepte du Décalogue

> Tes père et mère honoreras
> Afin de vivre longuement,

n'est pas seulement un impératif moral, il est
aussi une loi sociale. Il établit ce qu'il faut faire,
et il indique ce qui sera, ce qui doit être, ce qui
résultera de son observation dans la communauté
humaine. On vivra longuement, c'est-à-dire que,
par une sorte de compensation et de réciprocité, on
ne sera point privé de ce qui prolonge la vie, si
on a honoré son père et sa mère. Par honorer, il
faut entendre autre chose que de donner de vains
témoignages de respect, il faut entendre ce qui a
toujours été compris dans l'hommage familial,

à savoir : la considération pour la dignité et le tribut pour le besoin. » Alors en effet la question devient toute autre, l'organisation de la retraite n'est plus un acte d'égoïsme de la part de la société, craignant que l'imprévoyant ne tombe en définitive à sa charge, c'est l'exécution d'un devoir familial. On doit travailler pour les vieux en vertu du précepte du Décalogue, ceci est net et précis. Ainsi on aura vis-à-vis de ses descendants une créance semblable à celle qu'on aura acquittée vis-à vis de ses ascendants.

Malheureusement, dans l'état actuel de l'industrie la famille n'a plus à sa portée les moyens de production. Petits métiers et petits commerces font place aux grands magasins et aux grandes exploitations desservies par des machines. Famille et moyens de production ne sont plus rapprochés, unis, appuyés l'un sur l'autre. Au contraire la concurrence, que se font entre elles les machines elles-mêmes, empêche les patrons de donner un salaire proportionnel aux besoins des familles. Quel est alors le remède? « Constituer une vaste mutualité où tous les ouvriers, tous les patrons, tous les habitants d'un pays apporteront leur contribution », telle est la réponse de M. l'abbé Lemire. On voit que, venant d'un point de départ différent, il aboutit au même résultat que d'autres partisans de l'intervention de l'État en matière d'assurance.

Pour montrer au surplus que certains partis politiques ou sociaux n'ont pas le monopole de la protection des intérêts des travailleurs, il convient de rappeler ici une ancienne proposition de loi de 1886 à laquelle nous avons déjà fait allusion et qui était signée des noms de MM. le comte de Mun, Mgr Freppel, le vicomte de Bélizal, Larère, Le Cour, le comte de Kersauson, Roussin, Hillion et Boscher-Delangle, députés. Le projet tendait à créer en France un certain nombre de caisses corporatives de prévoyance dans le but de garantir leurs membres participants contre les conséquences de la maladie et de la vieillesse. L'article 3, fondamental, était ainsi conçu : « Elles (ces caisses) seront alimentées par une retenue sur le salaire de l'ouvrier ou de l'employé et par une contribution de l'entreprise. Cette contribution devra être au moins égale à la retenue qui dans aucun cas ne pourra dépasser 3 0/0 du salaire de l'ouvrier ou de l'employé. Tous les ouvriers ou employés, dont les appointements ne dépasseront pas 3.000 francs, devront être assurés à la caisse de prévoyance de leur métier ou de leur industrie. »

On le voit, cette proposition de loi établissait nettement l'obligation de l'assurance avec une contribution du patron au moins égale à celle du travailleur. La légitimité de la mesure était ainsi expliquée dans l'exposé des motifs :

C'est en vain qu'on présenterait l'épargne forcée, l'épargne imposée malgré lui au travailleur comme une atteinte inique à sa liberté. L'ouvrier paresseux et imprévoyant est fatalement condamné à tomber un jour à la charge de l'assistance publique, et le législateur a le droit de prendre des mesures préventives pour que la faute d'un seul ne retombe pas sur la société tout entière. Pour les chefs d'entreprise, ils ont à remplir des devoirs de paternité sociale. Ils doivent aide et assistance à tous leurs ouvriers quand la maladie les frappe, quand la vieillesse les atteint. C'est là une obligation morale incontestable que nous transformerions volontiers en un lien juridique, ne sachant pas d'autre moyen de la rendre effective.

Le projet de Mgr Freppel et de M. de Mun n'aboutit pas, mais il faut croire que leur peine n'a pas été perdue, puisque nos gouvernants d'aujourd'hui ne se font pas faute d'en reprendre et de s'en approprier une partie notable des considérants et du fond.

En face des partisans des pensions viagères de retraite, il convient de placer l'opinion de M. Alfred de Courcy, dont le nom a une si haute autorité en matière d'assurances, et qui partait d'un tout autre principe pour garantir la vieillesse des ouvriers. Pour lui, la solution de la question sociale consistait avant tout à présenter en perspective au travailleur laborieux l'épargne et le patrimoine et à lui offrir l'accès du capital : « Ce n'est qu'en se rendant accessible, disait-il, que le capital pourra se faire absoudre et désarmer la haine jalouse dont il est l'objet. » Il avait contribué plus que tout autre à organiser, en faveur des employés de la Compagnie d'Assurances générales, un système d'assurance contre la vieillesse d'une puissante valeur morale et financière, basé sur la participation aux bénéfices. La mesure prise conservait de la part du patron le caractère d'une libéralité pure sans aucune retenue sur les traitements ou salaires. Chaque année il était prélevé une quotité d'un vingtième sur les bénéfices de l'entreprise, et ce vingtième était distribué aux employés au prorata de leurs traitements. La Compagnie se chargeait de capitaliser le pécule ainsi rassemblé et, au bout de vingt-cinq ans, l'employé pouvait à son gré le retirer ou le laisser en caisse, en demandant ou non à ce qu'on lui en servît la rente. Enfin, en cas de décès, c'était un bien de famille, une propriété, fruit du travail du père, qui, sous forme de capital, tombait dans son hoirie. C'est surtout dans cette dernière considération que consistait la supériorité de l'idée morale de ce système de prévoyance comparée à la forme des rentes viagères qui nous occupe en ce moment.

L'objection contre ce mode d'organisation qui a produit des merveilles à la Compagnie d'Assurances générales et qui, parfois, de simples employés a fait, dit-on, des capitalistes, c'est que toutes les sociétés ne peuvent pas se promettre une prospérité aussi constante que celle de cette vigoureuse institution. M. de Courcy en a convenu, mais il a expliqué, dans d'instructives brochures[1], qu'avec un peu de bonne volonté de la part des patrons, on pourrait généraliser de plus en plus la participation aux bénéfices comportant en elle-même l'idée de prévoyance, l'étendre à la plupart des entreprises et professions, et pénétrer ainsi jusqu'à l'exploitation rurale et à la boutique du détaillant. Il a surtout insisté sur les liens précieux que cette institution était appelée à créer entre le patron et l'ouvrier, et sur les bienfaits qui en résulteraient si l'on associait davantage le travail aux chances du capital qu'il vivifie.

Nous n'abandonnons pas l'espoir qu'un jour sera

---

1. Voir notamment *les Caisses de prévoyances des employés et des ouvriers et les pensions de l'État*, par Alfred de Courcy, Paris, 1872.

résolue la question de la participation aux bénéfices telle que la comprenait M. de Courcy. Alors, non seulement pourra être tranché le problème de la vieillesse, mais sera conclue aussi l'union intime du capital et du travail, pleine de bienfaisantes conséquences. Cependant, force nous est de reconnaître que le courant de l'opinion n'est pas encore dirigé suffisamment de ce côté et nous revenons, pour résoudre la question de prévoyance, au système, d'une portée d'ailleurs autrement moins large, des rentes viagères, telle qu'on doit l'examiner au Parlement.

La Commission d'Assurance et de Prévoyance sociales, présidée par M. Millerand, a terminé ses travaux concernant une proposition de loi sur les retraites ouvrières qui sera la reprise, sauf modifications, de l'ancienne proposition Millerand et Guieysse du 14 octobre 1902. Ce projet, dans lequel d'ailleurs il a été tenu compte de certaines objections de pratique résultant de l'enquête de 1901, faite auprès des associations professionnelles, est un savant mélange des principes tirés des diverses écoles que nous avons passées en revue et aussi des législations étrangères. A côté de l'obligation de la cotisation patronale, il maintient la nécessité de la prévoyance individuelle et de l'effort personnel de la part de l'ouvrier, qui sera soumis au versement d'une cotisation équivalente. C'est une garantie pratique de moralité. Elle vient corriger heureusement ce que d'autres systèmes présentent d'absolu dans la forme ou de difficile dans l'application. Théoriquement, nous l'avons vu, la constitution de la retraite par l'État seul ou le patron seul peut être défendue d'une façon intéressante, mais pratiquement, une mesure de cette nature aurait un caractère d'assistance qu'il convient d'éviter. Quant à la subvention de l'État, s'il est possible de la supprimer par la suite, quand des versements de plusieurs années auront permis de constituer un capital suffisant, elle est nécessaire en tout cas pour le moment comme mesure transitoire. Nous avons vu d'autre part comment ses partisans la légitiment en droit.

Dans les prochains débats des Chambres, il est vraisemblable, en tenant compte des diverses opinions que nous avons examinées, qu'une notable fraction des députés de droite et de gauche à tendances démocratiques appuiera le principe de l'assurance obligatoire préconisé par la commission. D'autre part, ce dernier sera combattu par la partie des républicains modérés et de la droite se réclamant des principes de l'école économiste libérale. D'autres, comme M. de Ramel, dans le projet de loi qu'il a déposé en 1893, prennent un moyen terme. A moins de déclaration contraire, tout Français devra être réputé s'assurer le bénéfice d'une pension de retraite et devra dans ce but verser les cotisations nécessaires. Cette déclaration, si quelque récalcitrant se décidait à la faire, devrait être portée devant le maire qui, avant de dresser procès-verbal de la déclaration, devrait faire remarquer, à l'intéressé, les avantages de la prévoyance et lui lire les principaux articles de la loi. C'est ainsi qu'aux yeux du législateur le principe de la liberté serait sauvegardé dans les institutions.

CHAPITRE III

CATÉGORIES AUXQUELLES S'APPLIQUERAIT L'ASSU-RANCE CONTRE LA VIEILLESSE. — LES TRA-VAILLEURS AGRICOLES

De l'exposé qui précède, il semble résulter que la question des retraites ouvrières est mûre. Elle a été étudiée par un nombre d'hommes considérable appartenant à tous les partis. La solution en a été maintes fois promise à la démocratie et, si elle a été retardée jusqu'à présent, c'est moins à cause du choc des opinions relatives à la liberté ou à l'obligation de l'assurance, qu'en raison des charges financières que l'État semble devoir assumer de ce fait.

Il y a deux moyens de réduire le coût d'une mesure aussi importante, c'est d'abord de limiter le nombre des ouvriers ou employés auxquels elle est destinée à s'appliquer. C'est ensuite de diminuer la part contributive ou la subvention de l'État aux caisses de retraites et subsidiairement de rattacher la constitution de celle-ci à l'exécution d'une ingénieuse opération financière. C'est d'ailleurs surtout à propos des mesures d'application de la loi que l'on cherchera un prétexte pour reprocher à celle-ci de nous conduire au socialisme d'État. Le principe théorique de la liberté ou de l'obligation de l'assurance semble être moins en cause, puisqu'en fait il est de nombreuses catégories de citoyens qui sont soumis à l'assurance obligatoire contre la vieillesse. Tels sont les fonctionnaires des administrations publiques et les employés de nombreuses entreprises privées. Dans l'industrie, le principe de la liberté de l'assurance n'a-t-il pas été déjà violé par l'État, notamment par le vote de la loi sur les retraites des ouvriers mineurs en 1894, et par la loi contre les accidents du travail ?

La discussion semble donc devoir porter principalement sur l'extension plus ou moins considérable des catégories auxquelles, d'après la législation, devra s'appliquer soit l'obligation, soit la liberté de l'assurance.

Aux termes de la plupart des projets, dont peut s'inspirer la commission de prévoyance et d'assurance sociales, tout ouvrier ou employé de l'industrie, du commerce et de l'agriculture a droit à une retraite de vieillesse à soixante-cinq ans et, le cas échéant, à une retraite anticipée d'invalidité. S'il est marié ou père d'enfants en bas âge, il a droit, en cas de décès, à l'assurance d'un capital au profit des survivants.

Une loi spéciale devra déterminer les conditions dans lesquelles les artisans, les petits commerçants, les domestiques attachés à la personne, les cultivateurs, travaillant seuls ou avec leur famille, seront admis à effectuer des versements aux caisses d'assurance. Bien que ces catégories soient fort intéressantes et souvent aussi peu fortunées que les précédentes, il est à craindre qu'elles n'aient longtemps encore à attendre le bénéfice de la loi, car il sera déjà assez malaisé de servir les premières. Et cependant il suffit d'avoir habité la campagne pour savoir que la masse des ruraux se compose de petits fermiers, métayers, vignerons, propriétaires d'un modeste lopin de terre, louant leurs bras un jour à l'un, un jour à l'autre, et se rendant réciproquement des services en nature. Combien parmi eux seraient plus heureux s'ils étaient des salariés proprement dits. Combien en est-il qui ont besoin, au même titre que ces derniers, d'être protégés contre les risques de vieillesse !

D'après les calculs établis sur les chiffres du recensement de 1891, le projet de loi, s'il était complet, s'appliquerait au nombre d'individus suivant :

Pour l'industrie	3.526.439
Pour les transports	384.689
Pour l'agriculture	2.964.583
Pour le commerce	858.662
	7.734.373

A-t-on été effrayé des charges et de la responsabilité qui incomberaient à l'État s'il avait à assurer, sinon pécuniairement, du moins administrativement, la retraite de ces huit millions environ de travailleurs, cela est probable, car, d'après le projet Millerand-Guieysse, qui a servi de base aux derniers travaux de la Commission, le bénéfice des retraites pour les travailleurs agricoles serait limité à ceux seulement qui sont engagés au mois ou à l'année. Or, comme ceux-ci sont en nombre très restreint dans les campagnes et n'existent même pas dans certaines régions, autant vaut dire que la loi serait faite uniquement pour les ouvriers de l'industrie. C'est chez ces derniers, il est vrai, que l'on trouve les plus remuants d'entre les travailleurs, ceux qui font les grèves et savent présenter leurs réclamations. Les pauvres cultivateurs ignorent encore généralement tout cela, et il est craindre qu'on ne s'occupe d'eux qu'en dernier lieu dans l'organisation des retraites pour la vieillesse. Mais une loi de ce genre, qui les laisserait en dehors de ses effets, bien mieux, qui serait faite à leur détriment, puisqu'il en résulterait peut-être pour eux un surcroît d'impôts, aurait de graves conséquences. L'exode vers les villes, qui n'est déjà que trop général, prendrait un nouvel essor. A la suite de mauvaises récoltes, de l'avilissement du prix du blé et du bétail ou de la mévente des vins, on verrait des flots de campagnards se porter vers les centres industriels, là où les salaires sont fixes et la vieillesse assurée, et où l'horizon se présente sous un autre aspect que celui d'une terre grevée d'hypothèques. Mais un contre-coup, phénomène inévitable dans toute crise, se produirait, et l'afflux des ruraux dans les villes ne tarderait pas à amener l'avilissement des salaires.

Une recrudescence de la dépopulation dans les campagnes serait donc, à notre avis, la conséquence funeste d'une inégalité de traitement entre les ouvriers de l'industrie et ceux de l'agriculture, les uns participant aux faveurs de l'État, les autres en étant frustrés. Il semble que ce soit pour les syndicats agricoles une belle occasion de faire entendre leurs doléances et d'organiser une fructueuse agitation. Il s'agirait en tous cas d'obtenir pour les paysans sinon l'assurance obligatoire, car beaucoup n'y tiennent nullement, du moins la faculté, pour ceux qui désirent s'assurer, de participer aux mêmes subventions ou facilités que leurs camarades de l'industrie. On peut prévoir que, dans les campagnes, où l'on se heurte plus qu'ailleurs à la routine et à la résistance passive, on se rendrait impopulaire à vouloir décréter l'obligation de l'assurance. Mais alors il faudra y favoriser la retraite facultative, car, par un phénomène inverse, mais bien dans la nature humaine, le paysan qui eût résisté à l'obligation de l'assurance se demandera à son tour : « Pourquoi les autres ont-ils une retraite et moi n'en ai-je pas? » Et surtout : « Pourquoi le patron de l'industrie est-il soumis à une cotisation pour préparer une pension de retraite à ses ouvriers, et pourquoi les divers patrons, chez lesquels je travaille à la journée, ne paient-ils rien dans ce but? » Ce serait peut-être un moyen de rendre l'obligation populaire dans les campagnes.

Quel que doive être le nombre de personnes auxquelles serait imposée l'obligation de l'assurance, hâtons-nous d'ajouter qu'un certain nombre d'entre elles pratiquent déjà la prévoyance, et c'est ici le lieu d'examiner le chiffre des travailleurs astreints volontairement ou non au versement d'une cotisation leur assurant une pension de retraite dans leur vieillesse. Cette étude préliminaire est indispensable tant pour nous éclairer sur l'état lui-même de la question, dont la solution est abandonnée jusqu'à présent à l'initiative libre, que pour nous indiquer les institutions qu'il serait possible d'utiliser en vue de l'extension d'un système de prévoyance et d'assurance.

CHAPITRE IV

INSTITUTIONS ACTUELLES DE RETRAITES. — CAISSE NATIONALE DES RETRAITES POUR LA VIEILLESSE. — CAISSE DES INVALIDES DE LA MARINE. — COMPAGNIES DE CHEMINS DE FER. — SOCIÉTÉS DE SECOURS MUTUELS. — LES PRÉVOYANTS DE L'AVENIR.

L'institution qui groupe actuellement en France la majorité des assurés contre la vieillesse est la caisse nationale des retraites. Créée par la loi du 18 juin 1850, réorganisée par celle du 20 juillet 1886, elle a pour but d'assurer, à partir de l'âge de cinquante ans, des pensions viagères de 2 francs au moins et de 1.200 francs au plus. La rente est garantie par l'État sur capital aliéné ou réservé. La liquidation de cette retraite, en tenant compte des chances de mortalité du déposant est basée sur un intérêt fixé aujourd'hui à 3 1/2 0/0.

Un livret individuel est remis à chaque intéressé pour justifier ses versements et ses droits.

En 1901, il y a eu des versements à 1.034.756 comptes parmi lesquels 35.375 comptes ayant reçu des versements individuels, 953.656 ayant reçu des versements effectués par des collectivités. Le total des versements s'est élevé à la somme de 53.148.420 francs.

De 1851 à 1901, la caisse nationale des retraites a reçu 1.205.135.496 francs de versements.

Dans le bilan de 1901, notons particulièrement les versements collectifs qui donnent lieu au tableau suivant :

	NOMBRE DE COMPTES	SOMMES VERSÉES	MOYENNE PAR COMPTE
Chemins de fer.	193.718	13.131.031	67.79
Cantonniers	73.446	1.837.548	19.06
Ouvriers et employés des mines.	230.668	8.107.774	35.15
Ouvriers et employés de la métallurgie.	23.315	810.054	35.74
Industries diverses. . . .	53.991	3.383.861	62.67
Agents des manufactures de l'État	61.919	3.376.512	54.53
Employés des administrations publiques. . .	17.703	976.953	55.10
Employés des départements et des communes	28.905	1.449.864	50.16
Sociétés de secours mutuels (livrets individuels).	6.246	331.001	52.99
Caisses scolaires..	235.806	821.657	3.48
Divers.	4.776	461.407	96.61
TOTAUX. . . .	750.493	34.688.362	

Nous empruntons ces détails au *Rapport annuel de la Commission supérieure de la Caisse nationale des retraites pour la vieillesse*[1]. Il serait intéressant de suivre les efforts faits respectivement par les diverses administrations publiques et privées en vue d'assurer une pension de retraite à leurs employés.

Au point de vue sociologique la conclusion qui

1. Année 1901. Paris, Imprimerie nationale, 1902.

se dégage indiscutablement de cet examen, c'est que l'idée de la pension de retraite se fait jour et s'est popularisée d'une façon remarquable dans ces dernières années. Or, ceci est vrai non seulement dans le monde des travailleurs, mais aussi par contre-coup dans celui des patrons, puisque maintenant toute maison industrielle ou commerciale, importante et placée en vue, ne saurait se dispenser de faire figurer dans son bilan des fonds spéciaux pour la prévoyance.

Pour donner une idée de cette progression en ce qui concerne seulement la caisse nationale des retraites, nous trouvons que le total des versements de toute sorte effectués qui, en 1892, était de 32.799.084, est passé en 1901 à 66.304.193. Il a donc doublé en moins de dix ans. Il est vrai que l'obligation de la retraite pour les ouvriers mineurs, votée en 1894, a amené de ce chef une augmentation importante, puisque les versements se rapportant à eux se chiffrent, pour 1901, à 8 millions. De même, les versements opérés en vertu de la loi du 9 avril 1898 sur les accidents de travail a amené, pour 1901, un supplément de versements de 13.155.772 francs.

Nous avons vu que les versements collectifs des industries privées diverses montaient pour 1901 à 3.383.861 francs. Les caisses patronales font donc souvent plus ou moins appel au concours de la caisse nationale des retraites. Il est, au surplus, bien difficile de connaître le fonctionnement et les résultats des caisses à leur tour plus ou moins autonomes. Une enquête commencée à cet égard au Musée social a déjà donné lieu à des réponses intéressantes et pourra être peu à peu complétée[1].

Nous devons accorder une mention spéciale à la Caisse des Invalides de la Marine, fondée par Colbert, et qui doit à sa longévité d'avoir résolu pour toute une profession le problème des retraites ouvrières. C'est d'ailleurs une institution d'autant plus intéressante qu'elle est professionnelle et autonome ; mais nous allons voir qu'elle est loin de pouvoir se passer des subventions de l'État.

Prenons le dernier budget, celui de 1903. Les recettes se décomposent ainsi :

Revenus de la Caisse des Invalides.	3.149.000
Retenues sur la solde du personnel.	1.900.000
Divers.	519.000
Subvention de l'État.	11.824.000
Total.	17.442.000

Pour équilibrer les recettes avec les dépenses, il a donc fallu une subvention considérable de près de 12 millions ; mais ces chiffres appellent une explication que nous trouverons dans un court retour historique en arrière. Nous y saisirons les vicissitudes auxquelles est exposé un trésor uni par des liens trop étroits avec celui de l'État.

En 1793, après cent vingt ans de fonctionnement en général prospère, il fut décidé par la Convention nationale, sur la proposition de Cambon,

1. Voir pour plus de détails, *les Caisses patronales de retraites des établissements industriels*, publication de l'Office du travail. Paris, 1898. — Consulter aussi : *Enquête sur les institutions de retraites existant en France et à l'Étranger*, rapport présenté par M. Raison, au Congrès des retraites pour la vieillesse (11-14 avril 1901).

que la Caisse des Invalides subirait le sort commun aux propriétés des municipalités, des hospices et des autres spécialités, et qu'elle serait réunie au Trésor public par application de cette doctrine que « toutes les ressources doivent concourir à assurer tous les besoins. » En échange, l'établissement reçut une inscription de rente sur le grand-livre.

Quelques années après, sous le Directoire, survint la banqueroute des deux tiers qui diminua d'autant les revenus de la Caisse.

Par un décret de 1810, la Caisse et sa comptabilité passèrent dans les attributs du Ministre du Trésor public. Les besoins d'argent étaient alors pressants en raison des événements. La tentation était forte pour l'État devant cette caisse ouverte et les détournements qui se produisirent ne furent pas même compensés par des inscriptions de rente. En résumé, les sommes détournées de la Caisse des Invalides, depuis le commencement de la Révolution jusqu'à 1814, époque de la chute de l'Empire, atteignirent le chiffre de 124 millions, sur lesquels 70 provenaient de la Caisse proprement dite et 45 des Caisses de dépôt des prises et des gens de mer.

Le Ministre des Finances de la Restauration, dans la lourde tâche de liquidation qu'il eut à accomplir, ne se reconnut débiteur que de 55 millions sur les 70 qui avaient été prélevés, et cette dette, dont il reçut quittance, fut couverte en inscriptions de rente 5 0/0 calculées au pair.

Les épreuves n'étaient pas terminées pour la Caisse des Invalides de la Marine. Depuis cette époque, quand il lui arriva d'avoir besoin d'argent, elle dut recourir à des aliénations ruineuses. Mais, au contraire, quand son budget se solda par des excédents de recettes, des lois de finances l'obligèrent parfois à venir en aide au Trésor en lui versant ces mêmes excédents. En dix ans, de 1861 à 1871, tant par la conversion de la rente 4 1/2 0/0 que par suite des aliénations et des versements au Trésor, la Caisse perdit 27.290.000 francs.

En 1871, l'Assemblée nationale, tout en déclarant les fonds de la Caisse propriété des gens de mer, admit la légitimité d'une subvention directe du Trésor pour arriver à payer les pensions. Elle vota pour la première année une subvention de 7 millions qui, nous l'avons vu, atteint maintenant près de 12 millions[1].

Mais ce terme subvention est-il exact et ne devrait-on pas plutôt nommer restitution cette rente servie pour un capital détourné antérieurement et dont les intérêts composés s'élèveraient aujourd'hui à un chiffre de plusieurs centaines de millions?

De précieux enseignements sont contenus dans ce court résumé historique. Est-il permis de considérer sans appréhension pour l'avenir, à côté du Trésor public, une caisse de plusieurs milliards constituée en vue de la pension de vieillesse par l'épargne de tous les travailleurs? A quelles tentations, dans les moments de crise et d'expédients, ne seront pas exposés les futurs gérants de nos finances nationales?

1. Voir *Rapport sur une demande de liquidation de l'établissement des Invalides de la Marine.* Imprimerie nationale, 1887.

Les compagnies de chemins de fer et les compagnies de transports d'une certaine importance constituent des pensions de retraite à leurs employés. Le mode est variable suivant les compagnies. Généralement la caisse des retraites est alimentée par une retenue sur les appointements des employés et ouvriers, variant de 3 à 5 0/0 et même à 6 0/0. Du côté des compagnies les subventions correspondantes s'élèvent à 12 0/0 à l'Est, à 10 0/0 à l'État, 15 0/0 au Midi, à 5, 7, 9 0/0 au Nord selon la durée des services, à 12 0/0 à l'Ouest, à 10 0/0 à P.-L.-M. Le produit des amendes, les intérêts des fonds placés et d'autres sources de revenus entrent aussi en ligne de comptes[1].

En chiffres ronds le nombre des affiliés aux institutions de retraites dans les compagnies de chemins de fer est d'environ 200.000 ; celui des retraités dépasse 50.000.

Les sociétés de secours mutuels servent des pensions de retraite au moyen de leur fonds commun ou de leur fonds disponible. Les renseignements fournis à ce sujet par le rapport officiel, sur les opérations des sociétés de secours mutuels en 1901 — rapport paru lui-même en 1904 — sont les suivants :

. Le nombre des pensions des sociétés approuvées, liquidées par la Caisse nationale des retraites, était de 46.077, et le montant des arrérages de ces pensions s'élevait à 3.246.771 francs.

8.938 pensions ou allocations étaient servies sur les intérêts du fonds commun, conformément

1. Voir *les Institutions de retraites des Compagnies de chemins de fer*, par Paul Soulier, 1899.

aux articles 23 et 25 de la loi du 1er avril 1898.

Elles coûtaient 332.956 francs.

30.484 pensions et 6.203 suppléments étaient payés directement par les sociétés sur les intérêts de leur compte courant placé à la Caisse des dépôts et consignations au taux de 4 fr. 50 0/0, moyennant 3.285.190 fr. 73.

En outre, les sociétés libres réglaient 21.490 pensions au prix de 1.438.925 fr. 31.

Le total des pensions des Sociétés approuvées et libres était de 106.589, et le montant des arrérages se chiffrait par 8.303.843 fr. 04.

La moyenne des pensions était de 77 fr. 62.

« En dehors de ces pensions déclarées à mon administration, ajoute le Ministre de l'Intérieur, beaucoup de sociétés donnent, de la main à la main, des suppléments, ou même des pensions entières, plus ou moins importantes, selon leurs ressources et les clauses de leurs statuts sociaux. Il n'est pas téméraire d'affirmer que ces allocations élèvent sensiblement la moyenne indiquée ci-dessus. En somme, il y a au moins 110.000 pensionnaires mutualistes, et la moyenne réelle des pensions est de 100 francs. »

Dans cette revue des principales institutions de prévoyance nous ne pouvons oublier, en raison de son importance, la société des Prévoyants de l'Avenir qui, fondée en 1880 par des ouvriers sur des procédés purement empiriques, a eu néanmoins une étonnante fortune. Au début, toute l'économie devait reposer sur les articles suivants :

La cotisation est de 1 franc par mois.

Tous les sociétaires ayant vingt ans de présence effective dans la société auront droit au partage intégral des intérêts de l'avoir social pendant l'année écoulée.

Ce système, qui avait pour effet de favoriser d'une façon exagérée les premiers arrivés dans la société, a appelé l'attention publique sur cette association qui a dû mettre ses statuts en concordance avec des règles plus scientifiques et plus certaines. Mais il est à croire que les divers incidents, qui ont rempli la presse à ce sujet, ont eu pour clair résultat de faire à la société des Prévoyants de l'Avenir une réclame qui s'est traduite de la façon suivante. Le *Compte rendu de* 1902 accusait un effectif de 1.491 sections de 296.092 sociétaires, et le capital s'élevait à la somme de 39.862.761 francs. Au 31 décembre 1903 on comptait 1.650 sections, 347.951 sociétaires, et le capital atteignait le chiffre de 44.699.117 francs. C'est donc pour une seule année une augmentation de 159 sections, 51.859 sociétaires et 4.836.355 francs.

Les pensions servies au 31 décembre 1903 montent à 870.840 francs. Le chiffre de la pension qui, aux termes de la récente loi, ne peut s'élever au-dessus de 360 francs est appelé mathématiquement à diminuer chaque année, et c'est là qu'apparaît le défaut de méthode et de base scientifique du système évidemment défavorable aux derniers affiliés. Et cependant il y a assurément une morale instructive à tirer de ce chiffre de 347.951 sociétaires pratiquant l'assurance libre, par des procédés absolument primitifs et défiant les actuaires, dans une institution datant de vingt-trois ans à peine. Ce fait témoigne en effet de la popularité croissante des institutions de prévoyance et montre combien la tâche eût été facile pour l'Etat si, au lieu souvent de multiplier les obstacles, il eût guidé lui-même la prévoyance dans une voie plus judicieuse. Cela eut été, en fin de comptes, plus avantageux pour les intéressés que les tontines ou expédients qui ont surgi dans ces dernières années.

Ce coup d'œil fort général sur les principaux organes de prévoyance, existant actuellement en France, ne saurait que donner une idée approximative du nombre des travailleurs qui actuellement visent à une pension de retraite dans leurs vieux jours ; qu'ils soient affiliés à la caisse nationale des retraites, à la caisse d'une administration publique ou d'une compagnie privée, reliée plus ou moins à l'État ; qu'ils appartiennent à une caisse patronale, à une société de secours mutuels ou à une société particulière de retraites.

Si d'un million de comptes existant à la Caisse nationale des retraites, nous retranchons ceux afférents à 300.000 enfants, orphelins, femmes et petits rentiers ; si, d'autre part, nous faisons entrer en lignes de comptes 350.000 Prévoyants de l'Avenir dont la pension de retraite sera forcément plus tard assez faible et environ un million de mutualistes dont l'avenir, assez limité en ce moment, pourra s'élargir par la suite, nous constatons, même en tenant compte d'autres institutions omises, que, sur 8 millions de travailleurs, il n'y en a jusqu'à présent guère plus d'un quart ayant pris sérieusement pour objectif la retraite de vieillesse.

CHAPITRE V

LA LOI ALLEMANDE D'ASSURANCES. — PRINCIPE
DE LA LOI BELGE

Avant d'aborder l'étude de divers projets de loi français, jetons un coup d'œil au point de vue financier sur la loi allemande concernant les retraites. C'est à la suite de nombreuses années d'études, après consultation de personnes compétentes et de commissions composées des intéressés, qu'elle a été établie et l'économie en est remarquable. Nous n'avons pas la prétention de vouloir transporter en France un système tout fait, éclos chez un peuple de mœurs et d'état politique et social différents du nôtre. Comme nous le montrerons plus loin, nous possédons déjà un commencement d'institutions populaires de prévoyance dont il suffirait, en maintes occasions, de faciliter l'extension pour résoudre le problème posé. Mais par suite d'un amour-propre patriotique mal placé, n'allons pas nous priver de quelques fécondes idées, si nous devons les trouver chez le voisin.

Persuadé que les bons conseils seraient impuissants à déterminer à la prévoyance la majorité de la masse ouvrière, le Gouvernement a soumis à l'obligation de l'assurance contre l'invalidité et la vieillesse tous les salariés et employés gagnant moins de 2.500 francs par an.

Mais alors, si le législateur allemand avait voulu faire du socialisme d'État, il aurait rendu l'État lui-même détenteur des fonds d'assurance provenant des cotisations et dispensateur des pensions de retraite ; or, il n'en est rien. Il a été créé trente et un établissements régionaux d'assurance qui sont des caisses autonomes auxquelles sont assurés les ouvriers habitant les circonscriptions territoriales correspondantes. La direction de chacune de ces caisses régionales est confiée simultanément à des fonctionnaires, à des patrons et à des assurés, dans une proportion variable de fonctionnaires, de représentants des patrons et de représentants des assurés. Un comité seconde la direction et comprend lui-même un nombre égal de patrons et d'assurés. Ainsi l'autonomie permet à chaque établissement de se plier avec flexibilité aux conditions du milieu spécial où il a été organisé[1].

Cette autonomie des caisses régionales dénote donc, chez le Gouvernement allemand, non une tendance au socialisme d'État, comme on affecte parfois de le dire, mais au contraire une application de décentralisation, conforme à la tradition historique de la nation et au développement de l'esprit d'association poussé à un haut degré.

1. Pour plus de détails, voyez l'ouvrage suivant auquel nous avons emprunté ces renseignements : *l'Assurance contre l'invalidité et la vieillesse en Allemagne*, par Gaston de Saint-Aubert (Paris. Larose), et *les Leçons de l'expérience allemande*, par le même auteur, dans *l'Association catholique*, années 1902, 1903 et 1904.

Au-dessus des caisses régionales existe l'office impérial d'assurance qui ne gère aucun capital, mais qui a une mission de surveillance et émet des arrêts de règlement. Ainsi les établissements d'assurance sont en principe obligés de placer leurs capitaux conformément aux règles prescrites pour le placement des biens mineurs. Mais l'office impérial, de même que l'État et la province garantissant les fonds, peuvent autoriser l'emploi des sommes qui en proviennent, jusqu'à concurrence de la moitié, dans les emprunts pour travaux d'utilité publique et dans les institutions ayant pour but d'augmenter le bien-être de la classe ouvrière (hospices, établissements d'utilité publique, sanatoria, etc.).

Tandis que les économistes s'inquiètent de l'accumulation de capitaux que va amener l'obligation du service des pensions, on voit que l'Allemagne a donné une solution intéressante de la question en remettant en circulation dans les provinces mêmes l'argent provenant des cotisations de leurs habitants. C'est la condamnation du système qui préconise l'achat des valeurs d'État et arrête ainsi l'essor des organisations locales.

Mais l'expérience a démontré que les charges des diverses caisses régionales étaient elles-mêmes variables. Ainsi dans les campagnes on vit plus vieux qu'à la ville; dans le commerce on parvient à un âge moins avancé qu'à la campagne et dans l'industrie on meurt relativement jeune. Il en résulte que, pour un même nombre de personnes, les rentes de vieillesse sont quatre fois plus nombreuses dans les régions agricoles que dans les centres industriels. D'où une cause d'inégalité de charges dans les diverses caisses régionales. On y a remédié en créant à Berlin un bureau de calcul qui est autorisé à prélever sur certaines caisses favorisées des sommes nécessaires jusqu'à concurrence d'une proportion déterminée, en vue de réparer entre les divers établissements les inégalités résultant des conditions particulières à chacun.

Les résultats de la loi allemande d'assurances qui viennent d'être publiés pour 1902 sont les suivants : 31 caisses régionales et 9 caisses corporatives groupent 9.888.495 assurés obligatoires et 6.645 assurés volontaires. En 1902, il a été accordé 142.720 pensions d'invalidité, 8.734 pensions de maladie, 12.885 pensions de la vieillesse. Les recettes se sont élevées à 127.785.658 marks, en augmentation de 4 millions et demi sur l'exercice précédent. On a distribué 108.884.218 marks de pension. Depuis l'origine, il a été versé 4.650.962.584 marks de pensions ; plus de 900.000 pour soins médicaux et 600.000 environ pour secours aux familles des assurés. L'avoir total des caisses régionales est de plus d'*un milliard*.

Telle est dans ses grandes lignes l'institution des retraites en Allemagne. Appliquée depuis 1889 seulement, elle a déjà essuyé bien des critiques, puis peu à peu elle est entrée dans les mœurs. Bien des chefs d'industrie ne se sont pas contentés de s'y soumettre, mais ils ont voulu ne la considérer que comme une simple indication dans la voie de la pension de retraite et s'occupent, quand leurs bénéfices le leur permettent, de majorer les pensions. C'est d'ailleurs dans cet esprit que la loi avait été promulguée. Les ennemis de l'assurance obligatoire lui reprochent, il est vrai, de ne pas remplir entièrement son but et prétendent qu'il y a toujours un déchet d'individus qu'il est impossible de soumettre à l'assurance. Une seule chose nous étonne, c'est que, dans une mise en œuvre aussi compliquée, il n'y ait pas eu plus de tâtonnements au début. Le point acquis est celui-ci, c'est qu'à la fin de 1898 le nombre de personnes assurées s'élevait à 12 millions, tandis que la classe des salariés comprend en tout 13 millions d'individus. Le nombre des assurés est, d'ailleurs, destiné à augmenter puisqu'une loi de 1899 impose l'obligation de l'assurance à des catégories nouvelles : les petits employés, en général, les instituteurs et les professeurs gagnant moins de 2.500 francs. Enfin la fraude, en vue de se soustraire à l'assurance, deviendra de plus en plus difficile avec le perfectionnement des moyens de contrôle.

Il était nécessaire de jeter ce coup d'œil sur la législation allemande, dont l'ensemble est trop complet et trop imposant pour ne pas être examiné, avant de poursuivre l'examen des proposition françaises.

A propos d'un système interventionniste de l'État, mais beaucoup plus limité qu'en Allemagne, puisqu'il n'a pas l'obligation à sa base, nous croyons devoir signaler en passant l'exemple de la Belgique qui se flatte d'avoir résolu, sinon avec autant de succès, du moins avec plus de facilité et de libéralisme que l'Allemagne, le problème des pensions de retraite. Sans inscrire l'obligation de l'assurance dans ses lois, c'est par un large appel à la mutualité et par des subventions judicieusement distribuées que ce pays a voulu procéder. Voici d'ailleurs, pour caractériser l'esprit de la législation belge, les deux premières résolutions de principe adoptées par la commission des pensions ouvrières de ce pays :

1° Il y a lieu, pour l'État, d'intervenir en vue de généraliser, autant que possible, les pensions de retraite;

2° Cette intervention peut être suffisamment efficace sans comprendre l'obligation de la part des ouvriers et des chefs d'entreprise. Elle peut se borner aux mesures qui ont pour objet de faciliter, d'encourager, de développer et d'assister la prévoyance individuelle : encouragements divers, assistance administrative des pouvoirs publics, amélioration de la législation actuelle, dispenses fiscales, larges subsides, et mesures diverses en vue d'encourager et d'intéresser les chefs d'entreprise à assister les ouvriers pour la constitution des pensions.

La loi a donné, paraît-il, un essor considérable aux idées de prévoyance en Belgique, mais force est bien de reconnaître que, si les ouvriers économes et rangés se précipitent pour profiter des avantages accordés, une masse d'insouciants et de malheureux, s'excusant sur la modicité de leurs salaires pour ne pas verser de cotisations, restent en dehors de ses bienfaits.

CHAPITRE VI

PROPOSITION DE LOI MILLERAND-GUIEYSSE
LA CAPITALISATION

Les bases du projet de loi Millerand-Guieysse, du 14 octobre 1902, qui ont servi de point de départ aux travaux de la Commission de Prévoyance et d'Assurance sociales sont les suivantes :

1° Obligation de la retraite à soixante-cinq ans pour tout ouvrier ou employé, mais limitée dans l'agriculture aux seuls ouvriers employés d'une façon permanente. Tout travailleur peut d'ailleurs réclamer la liquidation de sa pension de retraite à cinquante-cinq ans, si elle atteint 360 francs ;

2° Versement corrélatif des ouvriers et des patrons et montant à 4 0/0 des salaires, soit 2 0/0 pour la quote-part de l'ouvrier et 2 0/0 pour la quote-part du patron ;

3° Capitalisation de ces versements ;

4° Limitation de l'affectation des versements obligatoires pour la retraite au moment où la retraite acquise atteint une valeur minima.

Ce minimum est fixé à 360 francs, valeur qui a toujours été considérée comme celle de la pension de retraite nécessaire pour garantir strictement le pain quotidien. A partir du moment où cette pension est acquise, les versements restent obligatoires, mais la restitution peut s'en faire aux intéressés pour tout emploi à leur volonté et dans des conditions déterminées;

5° Les retraites sont assurées par la Caisse nationale des retraites ouvrières, la Caisse nationale des retraites pour la vieillesse, les sociétés de secours mutuels et les caisses patronales ou syndicales. En vue de faciliter la décentralisation des capitaux, certains organismes, tels que les caisses d'épargne et les syndicats de garantie seront susceptibles de faire le service des retraites. De même, les sociétés d'assurances sur la vie, mutuelles et à primes fixes, sont admises à se charger de la gestion des caisses patronales ou syndicales. Mais, ajoute judicieusement l'auteur du projet, « il ne faut pourtant pas exagérer les effets de cette décentralisation très importante pour la liberté du choix des travailleurs, parce que, pour beaucoup des organismes anciens et nouveaux, appelés à faire le service des retraites, c'est finalement à l'État que reviendra en majeure partie la gestion des capitaux;

6° Constitution de pensions d'invalidité pour tout travailleur atteint d'invalidité avant l'âge de soixante-cinq ans, s'il justifie d'au moins deux années consécutives de contribution à la retraite;

7° Les ouvriers agricoles dont le salaire n'est pas supputé au mois ou à l'année, les métayers, les cultivateurs travaillant chez eux ou accidentellement chez les autres, les domestiques attachés à la personne, les artisans ou commerçants imposés à la contribution mobilière au-dessous d'une certaine somme sont admis au bénéfice de la loi sur les retraites.

Une des objections principales que l'on peut faire à une partie de ces dispositions, c'est qu'elles admettent le système de la capitalisation qui amènerait une accumulation de 12 ou 15 milliards le jour où serait réuni un capital suffisant pour servir des pensions de vieillesse à tous les travailleurs. Ce système est opposé à celui de la répartition.

Dans la capitalisation, les cotisations sont calculées de façon à former le capital nécessaire au service des pensions des coassurés liquidées dans l'année. C'est un système à base scientifique, dérivant de calculs mathématiques suivant un taux d'intérêt déterminé et établi d'après les tables de mortalité. Il est employé par les compagnies d'assurances. Il donnerait lieu, en réalité, dans le cas qui nous occupe, à un budget autonome en dehors de celui de l'État. Cette énorme accumulation de capitaux serait en outre soumise à l'aléa de la baisse future du taux de l'intérêt qui peut un jour déranger les calculs.

Dans le système de la répartition, sorte de procédé empirique, cette accumulation n'est plus à craindre. On se contente d'inscrire en dépenses au budget annuel les pensions à liquider, en recettes les cotisations perçues, et c'est au moyen d'un prélèvement sur ces dernières qu'on sert les rentes en cours. Les sommes payées par les générations des hommes valides sont employées à acquitter les pensions de leurs aînés. Le grave inconvénient du système, c'est que l'État devient ainsi seul responsable de la distribution des traitements. Tout est basé sur son crédit et, si celui-ci vient à disparaître, le service des pensions de retraite sombre dans la même catastrophe. Enfin cet État dispensateur du pain de vieillesse de tous les travailleurs, c'est bien là vraiment du socialisme d'État.

Un autre système de répartition consiste à diviser entre tous les assurés les charges occasionnées dans l'année par le service des pensions de retraite. Les cotisations, qui seraient ainsi peu considérables au début, croîtraient progressivement avec l'augmentation du nombre des pensionnés. C'est l'inverse de ce qui se produirait avec le système de capitalisation où les cotisations, très fortes au début, iraient en diminuant peu à peu. L'État, dans le cas de la répartition, n'est plus banquier, c'est un simple comptable; mais le système manque de stabilité et le lendemain dépend toujours du bon fonctionnement des rouages administratifs.

La loi allemande de 1899 a mis en vigueur une ingénieuse combinaison. C'est le système des primes fixes. Il consiste à calculer le montant des dépenses totales de cent années d'assurances. On en déduit la prime moyenne et fixe, nécessaire par année, pour les couvrir. C'est cette prime fixe qui est répartie entre tous les assurés dont le nombre est sensiblement constant.

L'avantage de ce procédé consiste en ce que la cotisation demeure uniforme pour les assurés pendant cent ans. On peut prévoir que, pour la France, si ce système y était adopté, la capitalisation nécessaire au service des pensions de retraite ne s'élèverait plus, d'après M. Lebon, qu'à 1 milliard au lieu de 12 milliards que comporte le projet présenté par la Commission.

Comment alors placer les fonds provenant de l'épargne ouvrière? Il eût été à souhaiter que des caisses régionales, créées en France comme en Allemagne, conservassent leur autonomie, que l'argent des cotisations ne fût pas mis à la disposition de l'État, mais qu'il servît, au contraire, aux œuvres d'amélioration sociale ou aux travaux d'utilité publique dans les pays mêmes d'où il eût été tiré.

D'une prudente mesure de décentralisation de ce genre quel compte va-t-on se décider à tenir? De cet afflux de capitaux, sur lesquels les ouvriers ont cependant quelque droit, il est à craindre que l'État n'entende tirer un parti avantageux pour ses finances. Sa combinaison aurait pour base le remboursement successif des rentes 3 0/0 perpétuelles et l'attribution à la caisse, dont les capitaux auront servi à effectuer ce remboursement, d'une annuité correspondante. L'opération serait effectuée par séries successives jusqu'à remboursement aussi considérable que possible du 3 0/0, c'est-à-dire jusqu'à accumulation de capitaux pour une somme de beaucoup de milliards. On pourra continuer ensuite par des mesures d'un genre analogue jusqu'à absorption complète du capital nécessaire pour le service des pensions.

C'est une mesure grosse de conséquences. L'État allège sa dette, c'est entendu, mais alors il devient le banquier ou le débiteur de tous les travailleurs auxquels il sert lui-même les pensions de retraite et nous trouvons de nouveaux rouages administratifs ajoutés à tant d'autres. Cela est bien vraiment du socialisme d'État. Nous espérons que les débats des Chambres feront ressortir le libéralisme et l'équité d'une mesure qui remettra, quand cela sera possible, aux intéressés la gestion des capitaux versés par eux en vue de leur retraite.

CHAPITRE VII

PROPOSITIONS DE LOI DORMOY ET LAURENS-CASTELET
APPEL AUX SOCIÉTÉS DE SECOURS MUTUELS

Parmi les propositions de loi postérieures à celle
de MM. Millerand et Guieysse, nous croyons devoir
en signaler deux particulièrement intéressantes :
celles de MM. Dormoy, Chaumet et Cazeaux-
Cazalet, du 14 janvier 1904, sur l'organisation
des retraites pour la vieillesse et l'invalidité, et
celle de M. le marquis de Laurens-Castelet, du
25 juin 1903, sur les retraites ouvrières agricoles.

Les auteurs des deux propositions posent à la
base de leur système l'assurance obligatoire pour
les travailleurs salariés d'une façon permanente.

Étudions d'abord le projet Dormoy qui est le
plus étendu et qui, malgré le principe de l'obligation, a reçu cependant un accueil favorable de
la part de beaucoup de mutualistes.

Une fois, en effet, cette base de l'obligation établie — que l'on en soit ou non partisan — on doit
savoir gré au système du choix des moyens qu'il
laisse pour arriver à la constitution de la pension
de retraite. C'est, comme on l'a dit, la liberté dans
l'obligation. C'est la faculté pour chacun de choisir
son mode de versement de cotisation et aussi l'or-

gane chargé de lui servir ultérieurement sa pension. C'est la certitude d'échapper, dans une certaine mesure, à un contact trop fréquent avec la bureaucratie de l'État.

Voici l'économie du projet de Dormoy telle qu'elle est présentée dans l'exposé des motifs :

1° Utilisation, pour le service des retraites, des organismes actuels : caisse nationale des retraites pour la vieillesse, sociétés de secours mutuels, syndicats de diverses natures fonctionnant sous le contrôle de l'État, sans aucune subvention directe, mais avec la majoration du taux de l'intérêt servie actuellement aux sociétés de secours mutuels, limitée, à une charge maxima pour l'avenir ;

2° Versements obligatoires égaux pour les employeurs et les employés, fixés à 2 0/0 du salaire ;

3° Retraite liquidée normalement à soixante ans ou à cinquante-cinq ans à la demande de l'intéressé, s'il y a 360 francs de retraite ;

4° Taux des retraites basé sur l'effort de prévoyance qui aura été fait, et calculé d'après les barèmes de la Caisse nationale des retraites pour la vieillesse avec bonifications éventuelles ;

5° Ressources financières demandées :

a) En période normale de fonctionnement du système, à la répartition des fonds recueillis l'année précédente, complétés, s'il y a lieu, par les revenus du fonds de réserve ;

b) En période transitoire, à la répartition uniquement, l'excédent de recettes étant employé à constituer le fonds de réserve ;

6° Emploi d'un livret de prévoyance individuel, d'un modèle uniforme, suivant partout le titulaire et toujours à sa disposition ;

7° Faculté pour les domestiques, ouvriers isolés et petits patrons de profiter du bénéfice de la loi.

On voit que cette proposition de loi rentre en

grande partie dans le cadre de la proposition Millerand-Guieysse du 14 octobre 1902. L'originalité en consiste dans le système financier adopté.

Le rôle de l'État est réduit autant qu'il est possible.

Pas de création nouvelle, pas de caisse d'État : le fonctionnement des organismes officiels ou des œuvres dues à l'initiative privée : pas de subventions directes nouvelles, mais les encouragements ordinaires qui évidemment vont occasionner des dépenses plus élevées. Telles sont les caractéristiques du système.

La loi du 1er avril 1898 ne subit au fond aucune modification; elle assure aux sociétés de secours mutuels, par son article 21, un avantage considérable en accordant aux sommes versées au fonds commun un intérêt de 4 1/2 0/0.

Il est vraisemblable que ce taux de placement va permettre aux sociétés de secours mutuels de prendre un développement considérable et cela est tout à fait désirable, nécessaire même, à notre avis.

Dans le présent, rien n'est à changer. Dans l'avenir, nous pensons qu'il faut assigner une limite à la charge de l'État.

L'État majorerait de 1 1/2 0/0 au plus, à l'aide des ressources budgétaires, le taux de l'intérêt servi, chaque année, par la Caisse des dépôts et consignations, aux sociétés de secours mutuels, pour les sommes versées au fonds commun. La charge totale ne pourrait en aucun cas dépasser 60 millions.

On voit que ce chiffre correspond à une majoration de 1,50 0/0 sur 4 milliards; de 0,75 0/0 sur 8 milliards; et de 0,50 0/0 sur 12 milliards.

Le présent est assuré. Quant à l'avenir, il est suffisamment garanti, puisque de longues années se passeront avant qu'un système, basé sur la répartition immédiate d'une grande partie de fonds recueillis annuellement, permette de constituer de semblables immobilisations.

Les mutualistes ont toute sécurité et l'État ne verra que peu à peu s'accroître ses obligations.

Pour le décompte des versements on part de la base du recensement de 1896 et de la décomposition faite par l'office du travail. On admet :

8 millions de participants de vingt-trois à soixante ans.

950.000 retraités de soixante ans et au-dessus.

Le versement annuel sera d'environ 320 millions de francs, au taux de 4 0/0.

Que faire de cet énorme prélèvement sur la richesse publique ?

Deux systèmes sont en présence : la capitalisation et la répartition.

Le premier est le plus scientifique. Il ne laisse pour ainsi dire rien au hasard, si le taux de l'intérêt est garanti par l'Etat. Mais il aboutira, au bout d'une trentaine d'années, à l'accumulation d'énormes capitaux, environ 15 milliards, retirés de la circulation normale.

Il semble préférable d'adopter un système mixte basé sur la répartition d'une partie des sommes recueillies et sur la mise en réserve du reste.

Rien ne s'oppose à établir la solidarité des générations les unes envers les autres, d'autant plus que cette solidarité est escomptée dans notre société actuelle. Tous les jours pour la réalisation d'une œuvre de longue haleine, on contracte des emprunts amortissables pendant une longue période d'années et l'on engage l'avenir par des concessions à longue échéance.

Dans la période normale les sommes recueillies l'année précédente et les ressources constituées assureraient le service des pensions.

Les fonds de réserve ne contiendront pas, dès le début, la réserve mathématique des engagements pris, parce que l'on aurait, dans une période de trente ans environ, distribué des retraites plus fortes que celles qui seraient strictement exigibles.

Mais, comme l'étude financière de la question démontre que dans les limites établies, avec la constitution de notre société française en tenant compte de la mortalité normale, la retraite obtenue par la répartition est voisine de la retraite moyenne que donne la capitalisation, aucune difficulté ne se présente.

Un fonds de réserve notable, mais sans importance exagérée, suffit à assurer le fonctionnement régulier d'un système avantageux.

Le mécanisme financier consiste à partager les versements recueillis au cours d'une année entre deux fonds distincts : le fonds de répartition et le fonds de réserve.

De la première à la vingt et unième année du fonctionnement de la loi, le fonds de répartition recevra 90 0/0 et le fonds de réserve 10 0/0; de la vingt et unième année à la trente et unième année, la somme réservée ne serait plus que de 5 0/0 et, à partir de la trente et unième année, la totalité des versements annuels sera attribuée au fonds de répartition.

A partir de la trente et unième année, le régime normal de fonctionnement de la loi sera atteint, les travailleurs auront droit à une retraite calculée, en raison de leurs versements, suivant les tarifs de la Caisse nationale des retraites pour la vieillesse. S'ils sont affiliés à des Caisses de retraites dues à l'initiative privée, leur pension devra obligatoirement atteindre un chiffre au moins aussi élevé. En outre une bonification pourra être allouée.

D'après le système proposé, le montant de la pension distribuée serait de 120 francs la première année et irait ensuite en croissant, pour être de 365 francs au bout de vingt-huit ans pour les travailleurs gagnant 1.200 francs par an. Il sera d'ailleurs également de 365 francs au bout de trente ans pour les travailleurs ne gagnant que 800 francs. Il y a lieu en effet de remarquer que le fonds de répartition, dont une partie est distribuée chaque année en pensions, mais dont l'autre partie se capitalise, atteint le chiffre de 5 milliards au bout de vingt-huit ans. A ce moment on cesse d'accroître ce fonds et on en fait servir les revenus à bonifier les pensions; ce qui explique pourquoi les travailleurs gagnant 800 francs arrivent, au bout de trente ans seulement, à une pension de 305 francs.

Quant au fonds de réserve, constitué comme nous l'avons dit, il atteint, avec les intérêts accumulés, le chiffre de 2 milliards au bout de quarante-cinq ans. A ce moment on cesse de l'accroître, et joint au fonds de répartition, il constitue une masse de sept milliards dont les revenus servent, concurremment avec les cotisations de l'année précédente, à constituer les pensions et à les bonifier suivant des règles établies.

Le projet prévoit aussi des fonds destinés aux pensions d'invalidité.

Pour connaître d'ailleurs en détail le système financier de la proposition Dormoy, ainsi que les mesures transitoires qui y sont exposées — car nous ne pouvons en donner qu'un aperçu très général — il est indispensable de consulter les tableaux annexes qui font suite au texte du projet. Celui-ci constitue, à notre avis, une des solutions les plus intéressantes données jusqu'à présent au problème des retraites ouvrières et mérite d'être étudié dans le document original, quitte à formuler ensuite les réserves nécessaires.

Le projet Dormoy est établi d'après les barèmes de la Caisse nationale des retraites, basés eux-mêmes sur le taux de 3 1/2 0/0. Mais il est clair qu'il y aura un avantage considérable pour les travailleurs à passer par l'intermédiaire d'une caisse mutuelle de retraites ; car, soit par le moyen du livret individuel, soit par celui du fonds commun, ils seront admis à jouir du bénéfice des diverses majorations et subventions accordées en encouragement à la mutualité.

Comme on le voit, la proposition Dormoy laisse subsister dans les sociétés de secours mutuels le fonds commun inaliénable tel qu'il fonctionne actuellement. Nous croyons à ce sujet devoir formuler une importante réserve. On peut parfaitement admettre que l'État majore, au moyen de subventions et selon des règles déjà établies, les sommes provenant des cotisations de l'ouvrier et du patron montant réunies à 4 0/0 du salaire. Il est même indispensable, à notre avis, que cette majoration, par un procédé de comptabilité que nous étudierons plus loin, se fasse sur le livret individuel. Celui-ci, propriété personnelle du travailleur, pourra être emporté par lui dans quelque lieu qu'il aille s'établir.

Mais nous ne trouvons nullement équitable que cette majoration s'étende aux fonds provenant des cotisations des membres honoraires, des dons, des legs, etc., en un mot de toutes les causes extérieures, indépendantes du travail et du salaire proprement dit.

Que l'État réserve ses deniers pour majorer le produit des cotisations patronale et ouvrière ; qu'il attribue à cette destination le montant total de ses subventions, mais qu'il n'en distraie pas une partie notable, comme il le fait actuellement, pour enrichir encore davantage, au détriment d'autres moins favorisées par le sort, certaines sociétés ayant la chance de posséder de nombreux membres honoraires ou d'opulents donateurs. Il ne faut pas que quelques sociétés riches deviennent très riches du fait de l'État et que certaines sociétés pauvres restent indéfiniment pauvres faute d'avoir rencontré la chance sur leur chemin.

D'où découle la nécessité, en supprimant le fonds commun inaliénable, tel qu'il est actuellement organisé, de créer deux fonds distincts : l'un destiné aux livrets individuels et absorbant les subventions de l'État, l'autre comprenant les cotisations des membres honoraires, dons, legs, etc. Nous reviendrons sur cette question dans le cours de cette étude.

Quels que soient, d'ailleurs, les avantages offerts par les sociétés de secours mutuels, on peut aussi objecter au projet Dormoy que, par suite de l'apathie ou du manque d'éducation sociale des travailleurs, il n'en existe pas partout, ce qui serait cependant infiniment désirable. Le projet de M. de Laurens-Castelet[1] remédie à cette lacune. Intéressant d'ailleurs à étudier sous plusieurs rapports, il nous semble appelé à modifier ou à compléter heureusement le projet Dormoy à certains égards.

M. de Laurens-Castelet intitule son projet *Proposition de loi sur les retraites ouvrières agricoles*, mais rien n'empêcherait, comme nous le verrons, d'en étendre certaines dispositions de fonctionne-

1. Le texte de ce projet a été donné dans l'*Association catholique* du 15 avril 1904, p. 374.

ment au monde de l'industrie. Spécialiste des questions syndicales agricoles, il considère que la désertion des campagnes est un phénomène social plein de conséquences redoutables dans les temps actuels. A son avis, pour des considérations qu'il sait développer, de tous les remèdes à cet état de choses le plus actif et le plus efficace sera l'organisation à bref délai des retraites ouvrières agricoles.

D'après les résultats de l'enquête ordonnée par la Chambre des députés en 1901, les syndicats agricoles, avec netteté et précision, ont déclaré que, « d'une façon générale, dit-il, le meilleur système semble encore être celui de l'organisation et de l'extension des sociétés de secours mutuels avec encouragement de l'État. La raison de cette préférence repose sur ce fait que la société de secours mutuels est une institution connue et adoptée, entrée dans l'esprit de la classe ouvrière, comme une chose possible, et dont elle a déjà quelque expérience. Le paysan, désormais, est rassuré sur le fonctionnement de la caisse de la société de secours mutuels ; il l'est beaucoup moins sur celui d'une vaste organisation qui évoque à ses yeux tout un ensemble de dérangements, de vexations et d'ennuis réels ou imaginaires. »

Les trois premiers articles de la proposition de loi Laurens-Castelet sont les suivants :

ARTICLE PREMIER. — Dans toutes les communes, il sera créé une société de secours mutuels destinée à assurer le fonctionnement d'une caisse de pensions viagères de retraite pour les ouvriers agricoles.

ART. 2. — Lorsqu'il existe dans la commune une société

de secours mutuels, cette dernière sera invitée à assurer le fonctionnement de la caisse de retraite.

Art. 3. — A son défaut ou en cas de refus, la municipalité devra nommer une commission administrative composée de trois membres pour assurer le fonctionnement de la caisse de retraite. Le receveur municipal et le secrétaire de la mairie lui seront adjoints pour remplir les fonctions, le premier de trésorier, le second de secrétaire. Ces fonctions seront gratuites.

Notons également dans cette proposition de loi un procédé simpliste et offrant à ce point de vue de grands avantages en ce qui concerne les paysans. Il consiste, au lieu de prélever 4 0/0 sur les salaires, à imposer un versement fixe de 5 francs, par exemple, tant à l'ouvrier qu'au patron. Ainsi un travailleur agricole qui aurait commencé à vingt et un ans son versement annuel de 5 francs, doublé par le versement annuel du patron, — tout en tenant compte des importantes subventions accordées par l'Etat aux sociétés de secours mutuels — jouirait, à partir de soixante-cinq ans, d'une retraite de 350 francs. Le détail de ce calcul est donné dans un tableau annexé au projet de loi.

Dans l'agriculture, comme d'ailleurs dans l'industrie, si l'on y usait de ce procédé, on connaîtrait ce qu'on fait et où on va, ce qui est un point considérable. On se considérerait comme certain d'obtenir au bout d'un nombre d'années fixé cette retraite d'environ 360 francs, nécessaire pour assurer le pain quotidien. Mais l'agriculteur notamment aurait le loisir de réserver le surplus de ses économies pour acheter un coin de terre, ce qui est un mode d'épargne non à dédaigner, si l'on a pour but d'attacher le paysan au sol.

Une fois enfin que le travailleur aura paré à la préoccupation primordiale d'avoir assuré ses vieux jours au moyen de ce versement minimum, il aura l'esprit plus libre pour songer à d'autres assurances également intéressantes, assurances en cas de décès et contre la maladie. Cette dernière, notamment, est particulièrement du ressort des sociétés de secours mutuels dont l'organisation tend de façon fort utile à entraver les fraudes.

CHAPITRE VIII

STATUTS-TYPES DE L'UNION DU SUD-EST. — MODIFICATIONS A INTRODUIRE DANS LA LOI DU 1er AVRIL 1898.

L'objection que l'on peut opposer à première vue au système de l'emploi étendu des sociétés de secours mutuels, c'est qu'il ne fait nullement échapper les versements des travailleurs à la grande caisse centrale de l'État. On sait qu'il est impossible, faute de compétence, à une modeste société rurale de secours mutuels par exemple de gérer elle-même ses fonds de retraite et que force lui est bien de s'adresser à la caisse nationale des retraites, si elle veut user du livret individuel. La société de secours mutuels ne sera donc, dira-t-on, qu'un simple agent collecteur de la grande caisse centrale, et ce sera peu. C'est déjà cependant quelque chose que de fournir à l'État, dans la personne des secrétaires et des trésoriers des sociétés de secours mutuels, des agents qui ne lui coûteront rien. Mais il y a mieux, si l'on emploie la combinaison préconisée par l'Union des syndicats agricoles du Sud-Est. A la question : « Quel système financier adoptera-t-on ? » voici, en effet, ce qu'elle répond [1] » :

> Deux systèmes principaux sont en présence : *le livret et le fonds commun*. Avec le premier système la retraite est assurée par des versements faits au nom du sociétaire sur un livret qui est sa propriété. S'il sort de la société, il l'emporte.
>
> Avec le deuxième système les ressources servent à la constitution d'un fonds commun appartenant à la Société, qui sera utilisé, le moment venu, en retraites pour les sociétaires. *Nous croyons que ces deux systèmes doivent être combinés.*
>
> Au livret individuel seront versées toutes les cotisations des membres participants. Au fonds commun resteront les cotisations des honoraires, les dons, les legs.
>
> De cette façon, les participants gardent sur leur épargne un droit direct ; ils peuvent, s'ils le désirent, réserver le capital à leurs héritiers. En cas de démission ou de départ, ils emportent leurs livrets, leurs droits étant ainsi tout réglés.
>
> En même temps il se forme une masse commune, *une réserve professionnelle* qui permettra d'allouer aux fidèles de la caisse *et de la profession* un supplément de retraite.

Voilà, à notre avis, une solution ingénieuse, préconisée par des hommes compétents et connaissant à fond l'esprit des populations rurales. Nous ajouterons même que, transporté de l'agriculture dans le monde industriel, ce système qui met à profit les avantages considérables accordés par l'État aux sociétés de secours mutuels, ne peut produire partout que de bons résultats.

Des difficultés de fonctionnement se sont pro-

1. Voir *Caisses agricoles mutuelles de retraites*, commentaires par E. Vorom, et « Statuts-types », bibliothèque de l'Union du Sud-Est, Lyon.

duites au sujet des versements que l'État, par la loi du 1ᵉʳ avril 1898, s'était engagé à effectuer pour subventionner les livrets individuels, ce qu'il a négligé de faire en se contentant de subventionner le fonds commun. Ce fait a amené, le 2 mars 1902, devant le groupe de la mutualité de la Chambre des députés MM. Delalande, Duport et Milcent, représentants des syndicats agricoles. Experts dans les résultats auxquels peuvent prétendre les œuvres de crédit, d'assurance et tant d'autres propres à améliorer le sort des campagnes, ces délégués ont donné des procédés pratiques pour faire fonctionner les caisses mutuelles de retraites : « Il faut, ainsi que l'article 34 de la loi du 1ᵉʳ avril 1898 l'a nettement formulé, a dit M. Milcent, que les subventions soient inscrites au livret individuel, si les caisses agricoles le demandent, et non au fonds commun que les sociétaire ne voient pas. *En tout cas faudrait-il au moins que les subventions fussent inscrites au fonds commun disponible et non au fonds commun inaliénable.* » Par ce moyen, en effet, l'Etat — au lieu de faire lui-même une répartition fort longue et compliquée de ces subventions sur chaque livret individuel, opération devant laquelle il a eu évidemment de sérieuses raisons de reculer jusqu'à présent — se déchargera de ce soin sur les sociétés de secours mutuels elles-mêmes. Il n'est pas douteux que les sociétés, chacune dans sa petite sphère, pourront, sous le contrôle de l'Etat et de ses percepteurs par exemple, s'acquitter de ce travail purement matériel.

Ce mode de procéder, consistant à verser aux

fonds disponibles les majorations de l'État avec obligation d'ailleurs de les employer en fonds de retraites, inscrits sur livret individuel, nous semble le seul équitable. Supposons, en effet, qu'un travailleur pour une raison ou pour une autre quitte une résidence et la société de secours mutuels dont il faisait partie, pour aller s'installer ailleurs et s'y affilier à la société de ce nouveau domicile. Est-il juste que la première société bénéfice des avantages que lui a procurés la présence de ce membre, tels que les subventions et majorations accordées par l'État en raison de la présence du membre participant? Nous avons déjà combattu plus haut ce mode de procéder en terminant l'examen de la proposition Dormoy. Il semble, au contraire, que toutes les majorations obtenues et provenant tant de la cotisation personnelle que de la présence du membre participant dans la société doivent profiter exclusivement au livret individuel, propriété personnelle de chacun. Avec le système fort judicieux de l'Union du Sud-Est, et la modification proposée par M. Milcent, le départ de ce qui doit, d'un côté, revenir équitablement au livret individuel et de ce qui doit d'autre part demeurer au fonds commun — qui cesserait alors d'être un fonds inaliénable — restera une question de pure comptabilité intérieure au sein de la société.

CHAPITRE IX

NÉCESSITÉ DE DÉVELOPPER LES SOCIÉTÉS DE SECOURS MUTUELS, BASE POSSIBLE DE LA FUTURE ORGANISATION DES RETRAITES OUVRIÈRES.

Mais, pour en arriver au service des pensions de retraite par les sociétés de secours mutuels, il faudra évidemment que le nombre de ces dernières se développe, soit spontanément sous l'influence des avantages qui leur sont accordés, soit d'une façon obligatoire, comme le propose M. de Laurens-Castelet dans l'article premier de son projet, mesure qui pourrait être étendue à certaines catégories en dehors des classes agricoles.

Il serait surtout nécessaire que l'éducation des sociétés de secours mutuels se perfectionnât et que le fonctionnement normal des rouages fût assuré dans ces institutions quelquefois à peine vivantes.

Nous avons confiance dans le bel élan vers la mutualité qui semble s'emparer de la France depuis quelques années, dans cette armée de mutualistes qui ne cherche qu'une direction judicieuse, mais toutefois apparaît de plus en plus la nécessité de développer la mutualité, principalement dans les campagnes. La loi du 1ᵉʳ avril 1898 a conféré aux sociétés de secours mutuels des avantages importants qui semblent avoir été déjà appréciés, puisque de 1.400.000 le nombre des mutualistes est passé à environ deux millions et demi depuis cette époque. La retraite de vieillesse est un des buts assignés à ces institutions, mais, bien que, jusqu'à présent, la plupart se soit plus communément occupées des secours en cas de maladie, il n'est pas douteux que beaucoup ne soient appelées à pratiquer avec fruit l'assurance contre la vieillesse. Il serait trop long d'énumérer les avantages et subventions que l'État accorde maintenant aux sociétés de secours mutuels s'occupant de retraites. D'après un décret datant du mois de mars 1901, si les sociétés ou unions de sociétés dépassent 2.000 membres, elles peuvent créer des caisses autonomes. Il appartiendra aux syndicats agricoles, qui ont donné si heureusement le signal du mouvement d'association dans les campagnes, de provoquer dans leur sein la création de caisses syndicales sous forme de caisses mutuelles de retraites, et ce sera là une féconde application de la renaissance de l'idée de l'organisation professionnelle.

Les sociétés de secours mutuels présentent l'avantage d'être des institutions d'origine française. Elles dérivent de principes de fraternité et de solidarité, autrefois en honneur dans les corporations. Elles sont donc conformes aux habitudes et aux mœurs de la nation. En dehors des cotisations des membres participants, elles reçoivent celles des membres honoraires, qui sont généralement des patrons, et deviennent par là des instruments d'union et de paix sociales. Prenons, pour fixer les idées, un ouvrier isolé, ne faisant partie d'aucune société de secours mutuels. En versant cinq centimes par jour à la caisse nationale des retraites, soit 18 fr. 25 par an à partir de vingt et un ans, il aura droit, à l'âge de soixante-cinq ans, à une pension de retraite de 360 francs. Mais, s'il s'affilie à une société de secours mutuels où viennent maintenant affluer des cotisations de membres honoraires avec des subventions de syndicats, de communes, du département et de l'Etat, sa cotisation annuelle peut se trouver majorée d'un quart ou d'un tiers, ou même arriver à être doublée. Sa pension de retraite augmentera donc dans les mêmes proportions et atteindra, en fin de compte, un chiffre respectable. Nous avons d'ailleurs donné précédemment le résultat du calcul de M. de Laurens-Castelet à propos d'un double versement de 5 francs.

Mais les avantages seront encore plus appréciables si, dès l'enfance, le jeune Français se fait inscrire à une société scolaire de secours mutuels et de retraite. Disons qu'il a suffi à l'État de pousser les instituteurs à faire de la propagande à cet égard pour réunir dans ces dernières années 600.000 jeunes mutualistes scolaires. Nous savons que les écoles libres entrent maintenant dans cette voie, et l'on ne saurait trop les y encourager, car de la réussite de ce mouvement dépend en partie l'avenir de la mutualité en France.

Il est possible que dans le prochain système français de retraites ouvrières, si on ne veut pas se heurter à trop de résistances, on soit appelé à abandonner une thèse trop absolue, à procéder par étapes progressives selon les différentes catégories de travailleurs et à user d'un ingénieux mélange des organisations allemande et belge, combinaison de l'assurance obligatoire dans certains cas avec l'assurance facultative dans d'autres. La première, déjà appliquée dans les administrations de l'Etat et dans les mines, sera étendue à l'industrie et à certaines entreprises commerciales et agricoles, chez tous les salariés à l'année, partout enfin où les cotisations patronale et ouvrière seront faciles à atteindre. Pour les autres travailleurs il restera les caisses indépendantes, les sociétés de secours mutuels et de retraite, l'assurance libre enfin qu'il s'agira d'encourager assez puissamment pour que les avantages en résultant soient comparables à ceux provenant de l'assurance obligatoire. A cette condition seulement l'agriculture, restée en partie en dehors de l'obligation, n'aura pas trop à souffrir du nouvel état de choses.

Quoi qu'il en soit, l'avantage qu'il y aura à passer par la mutualité pour arriver à la pension de retraite sera trop évident pour qu'on ne préfère pas ce système notamment à celui de l'assurance directe et individuelle par la caisse nationale des retraites. Nous ne cesserons de le répéter, il vaut mieux employer des organismes connus, d'un usage généralisé comme les sociétés de secours mutuels plutôt que de créer toute une administration officielle, risquant fort de devenir bientôt tracassière et impopulaire.

Nous y voyons, dans l'agriculture, un moyen de décentralisation en fortifiant l'unité de la com-

mune rurale, en y formant un noyau d'agricul-
culteurs, réunis par un nouveau motif d'intérêts
communs s'ajoutant à tant d'autres. De la caisse
mutuelle de retraites entre agriculteurs le pas
sera parfois léger à franchir pour aller au syndicat agricole, à l'association professionnelle qui
rend la vie aux organismes naturels d'une nation
et vers la création définitive de laquelle doivent
tendre nos efforts.

De même, pour des raisons analogues, dans
l'industrie, la caisse de la société de secours
mutuels contre la maladie et la caisse mutuelle
de retraites deviendront fréquemment, par la force
des choses, des caisses d'usine ou des caisses professionnelles. Elles seront le noyau ou plutôt la
cellule à laquelle viendront s'attacher les éléments
destinés à former peu à peu le syndicat intégral
doué d'un ensemble complet d'organes.

M. de Saint-Aubert, dans sa conclusion sur *les
Leçons de l'expérience allemande* où il a étudié la
façon dont les législateurs d'Outre-Rhin ont fait
coexister ensemble, dans l'organisation des retraites
ouvrières, l'obligation et la décentralisation, en
déduit l'observation suivante en ce qui concerne
la méthode à appliquer à la France[1]. « Nous ne
nions pas qu'il soit particulièrement difficile de
réaliser en France la décentralisation, mais il ne
faut pas oublier que la loi de 1884 sur les syndicats et la loi sur les sociétés de secours mutuels
permettent à tous les citoyens français de se grouper et de créer, à côté de l'État et en dehors de

---

1. Cf. M. de Saint-Aubert, *les Leçons de l'expérience allemande. Obligation et décentralisation* (*Association catholique* du 15 janvier 1904, p. 19).

son autorité, des organisations autonomes douées d'une véritable indépendance. C'est par la création des syndicats et des sociétés mutualistes que l'on aboutira à cette décentralisation qui seule rend possible le fonctionnement des lois sociales. Nous croyons que, pour hâter la réalisation de ces lois et en particulier de la loi des retraites ouvrières, tout Français doit se mettre résolument à l'œuvre, personnellement dans son milieu, et travailler sur place, dans les campagnes comme dans les villes, à fonder des syndicats et des mutualités professionnelles. »

Émettons en terminant le vœu que l'État ne garde pas la disposition des capitaux provenant des cotisations et que le produit du salaire des travailleurs serve à autre chose qu'à soutenir ou à pratiquer des opérations d'amortissement. Il y aurait lieu d'introduire à cet égard dans la loi une disposition aux termes de laquelle les sommes, provenant de l'épargne des travailleurs de l'industrie et de l'agriculture, et affluant des divers points du territoire, devraient revenir sous d'autres formes à leurs points de départ. Prêts aux villes et aux grandes entreprises provinciales, obligations urbaines ou départementales, fonds affectés au crédit agricole, obligations souscrites aux sociétés coopératives, prêts hypothécaires aux sociétés d'habitation à bon marché et à toutes les œuvres d'amélioration sociale offrant surface et garantie, tels en sont les emplois tout indiqués. Les moyens ne sauraient assurément manquer — sans même qu'il soit besoin de recourir à des caisses régionales — de faire concourir au bien général du pays, en la rendant d'autre part insaissable par l'État, l'accumulation de capitaux qui effraie à juste titre quelques-uns.

En tout cas, quelle que soit l'opinion de chacun en matière d'obligation ou de liberté concernant les retraites ouvrières, que l'on préconise la mutualité ou tel autre autre système plus ou moins ingénieux pour arriver à faire bénéficier les travailleurs d'une pension de vieillesse ou d'invalidité, il est un principe qu'il faut se graver maintenant plus profondément que jamais dans l'esprit, c'est que la solution successive de diverses questions sociales s'impose désormais d'une façon absolue. Tout parti politique sera à l'avenir frappé d'impuissance et ce sera justice, s'il n'inscrit en tête de son programme des réformes sociales importantes, pénétrant dans le cœur de la famille des ouvriers de l'industrie et de l'agriculture. Ils ont d'ailleurs le suffrage universel, ils sont le nombre et ils représentent la force de l'avenir. Un plan de résistance à des mesures qui vous gênent ne constitue pas à proprement parler un programme. Ce n'est pas par la défensive, mais par l'offensive que l'on gagne les batailles. Il faut inscrire sur son affiche des projets d'amélioration sociale si l'on veut que le passant s'arrête pour la lire, et nous pensons que la question des pensions de retraite pour les travailleurs âgés est de celles qu'il importe particulièrement de ne pas négliger.

FIN

TABLE ALPHABÉTIQUE DES NOMS CITÉS

Alfassa, 51.
Audiffred, 235.
Augé-Laribé, 96.

Barberet, 165.
Barthou, 29, 58, 70, 71, 99.
Bazire, 71.
Beauregard, 151.
Bélizal (de), 250.
Bellom (Maurice), 246.
Benoist (Charles), 6, 68, 211.
Berget (Adrien), 145.
Blondel (Georges), 86.
Boissard, 73.
Boncour (J.-Paul), 100.
Boscher-Delangle, 250.
Bossuet, 16.
Bourgeois (Léon), 161, 189, 204.
Bouveri, 76.
Boyenval, 122.
Brants (Victor), 87.
Brunetière, 13, 196.
Buisson, 204.
Bureau (Paul), 54.

Cambon, 263.
Casaubon, 168.
Cavé, 205.
Cazeaux-Cazalet, 283.
Chapelier (le), 39, 176.
Chaumet, 283.
Chéradame, 86.
Cicéron, 16.
Courcy (Alfred de), 251, 252, 253.
Coutant (Jules), 76.

Dedé (Emmanuel), 210.
Dejeante, 7, 56, 70, 76.
Delalande, 296.
Deschanel (Paul), 68, 114, 115, 116.
Destrée (Jules), 192.
Deville, 113.
Dormoy, 235, 283-297.
Dreyfus, 57.
Duport, 143, 296.
Durand (Louis), 151.
Durkheim, 68.
Duthoit, 73.

Foville (de), 118, 128.
Freppel (Mgr), 235, 250, 251.

Gailhard-Bancel (de), 65, 79, 97, 245.
Gambetta, 25.
George (Henry), 111.
Gervais, 235.
Gide, 112.
Goyau, 13, 150, 204.
Groussier, 6.
Guesde (Jules), 111.
Guieysse, 235, 246, 253, 257, 277, 283, 285.

Henry (René), 118.
Hillion, 250.

Jacquin, 204.
Jaurès, 113, 114, 146, 235.
Jay (Raoul), 73, 239.

TABLE DES MATIÈRES

II

L'ÉVOLUTION DE LA PROPRIÉTÉ RURALE
ET LE SYNDICALISME AGRICOLE

DEUXIÈME PARTIE

I

LES SOCIÉTÉS DE SECOURS MUTUELS

II

TROISIÈME PARTIE

LES RETRAITES OUVRIÈRES

TOURS

IMPRIMERIE DESLIS FRÈRES

6, rue Gambetta, 6